L'HUMANITÉ
À LA CROISÉE DES CHEMINS

René **Longet**

L'HUMANITÉ À LA CROISÉE DES CHEMINS

Pour une planète
viable et **vivable**

JouVence
société

Du même auteur et dans la même collection aux Éditions Jouvence :

Un plan de survie de l'humanité

Dans la même collection aux Éditions Jouvence :

Lettre à un jeune qui rêve d'être (anti)capitaliste, Yvan Falys

La Parabole du kayakiste, Paul Dewandre

Un monde heureux est (encore) possible, Carl de Miranda

Se libérer du consumérisme, Michel Maxime Egger

Le libre-échange remis en cause, Willy Cretegny, avec la collaboration de Laurent Hutinet et Yvan Falys

Catalogue gratuit sur simple demande

Éditions Jouvence

France : BP 90107 – 74161 Saint-Julien-en-Genevois Cedex
Suisse : Route de Florissant, 97 – 1206 Genève
Site Internet : **www.editions-jouvence.com**
E-mail : info@editions-jouvence.com

ISBN : 978-2-88953-453-1

Maquette de couverture et réalisation : Éditions Jouvence
Illustration de couverture : AdobeStock : © Dita
Maquette intérieure et mise en pages : PCA-CMB

TABLE DES MATIÈRES

INTRODUCTION

Il y a dans l'air comme un pressentiment de fin d'époque. Nous tous sentons confusément que quelque chose va – et doit – se passer.

Mais quoi, et dans quelle direction ?

Cette attente devient lourdeur, tant que nous en sommes écrasés, paralysés, car sans prise sur le destin du monde, mais elle est aussi une chance de prendre le bon chemin.

Tout se passe comme si l'humanité se trouvait à un carrefour de son histoire, entrait dans une zone de turbulences et de grands dangers.
Nous avons cherché à tout maîtriser, et maintenant il semble que tout nous échappe. Est-ce cela le progrès dont les promesses sous-tendent nos existences ?
Quelles forces l'incertitude va-t-elle libérer ?
Comment pouvons-nous retrouver de justes équilibres, faire redescendre la peur et la pression d'un cran ? Et comment prendre notre juste place sur cette Terre ? Telle est la question. Ne serions-nous pas devenus les premières victimes de nos succès ?
C'est aussi ce que la crise sanitaire du Covid souligne : la fragilité des choses, l'imprévisibilité, mais également les conditions de l'action et de la résilience, la capacité de faire des liens, à tous les niveaux, le besoin d'avoir et de faire confiance, les réactions différentes à un phénomène unique…

Face à la multiplication des crises, la loi du plus fort va-t-elle l'emporter, ou arrivera-t-on au nom de valeurs humanistes à donner des réponses concertées et équitables aux défis écologiques, économiques et sociaux ? Parviendrons-nous à un usage responsable de notre planète ou devrons-nous nous résigner à la retrouver en lambeaux ?

Cet essai veut inciter à prendre du recul, pour mieux souligner ce qui est important dans le parcours passé de l'humanité, pour bien préparer les enjeux de demain. Et pour aller au fond des choses.

L'ambivalence humaine apparaît comme une des causes des dérèglements actuels. Elle se manifeste dans un nationalisme niveleur et réducteur, une croyance quasi magique dans les possibilités de la science, un refus obstiné de corriger les inégalités sociales et de réguler l'économie, une mauvaise orientation de technologies dont la force de frappe exigerait un contrôle ferme et préventif. Tout comme dans un concept économique oublieux de l'essentiel : les capacités productives des systèmes naturels.

Ce livre esquisse aussi des pistes pour en sortir : une refondation de l'économie autour de nos vrais besoins, le bien commun et l'inclusion ; un renforcement à la fois de la résilience locale et des moyens d'action globaux – car les enjeux clés sont un État régulateur, mais aussi redevable de ses actions aux citoyennes et aux citoyens ; une vie davantage tournée vers une harmonie avec la nature, les autres et en soi-même. Notre qualité de vie et le « vivre-ensemble » sur cette Terre passent par là.

Partout au monde, le combat pour que la vie vaille la peine d'être vécue, entre le trop-plein des uns et le manque des autres, est engagé. Lutte de tous contre tous dans un monde de plus en plus inégal, pollué, ou convergence vers le bien, l'équité, la « sobriété heureuse » ? La course de vitesse est **lancée** et notre espèce se trouve devant la plus grande épreuve de son existence : que va-t-elle faire de son avenir ? Nous tous pouvons faire, à notre niveau, la différence.

Ces pages ne se veulent ni exhaustives ni programmatiques, elles visent à éclairer certains points emblématiques de notre temps. Le but : **fournir des pistes pour aider à définir les bons chemins vers un avenir qui vaille la peine d'être vécu.**

Chapitre 1

POUR UN « PROGRÈS » QUI MÉRITE CE NOM

Innovante, conquérante, bâtisseuse, capable de réflexion sur sa trajectoire, l'espèce humaine est la seule qui ait modifié radicalement son environnement et ses modes d'existence. N'acceptant pas les choses telles qu'elles sont, elle développe – là aussi seule de son espèce – une forte dynamique interventionniste. Son parcours est ainsi jalonné de ruptures dans son rapport au monde, d'abord très espacées et sur un temps très long, puis survenant à des intervalles de plus en plus rapprochés.

La première de ces ruptures a été, dès l'apparition des anthropiens, la station debout, suivie, quelques millions d'années plus tard, de la conquête du feu. Pouvoir se chauffer quand le froid paralyse, éloigner les animaux menaçants, s'éclairer dans la nuit, apprêter d'une manière plus avenante les aliments – le feu a été le premier allié de l'homme. Savoir le produire, le conserver et le transporter a changé radicalement la condition humaine.

Des centaines de milliers d'années s'écoulèrent avant le prochain saut qualitatif: domestiquer des plantes et des animaux dont on apprécie l'intérêt et les vertus. Plutôt que de devoir aller à leur recherche, on les rassemble en certains lieux, puis s'y installe[1]. C'est la révolution agricole. Commencée au

Proche-Orient, puis indépendamment de là, en Chine et en Amérique centrale, elle a **fait naître la campagne et les villes, le tissage, la poterie, la roue, la métallurgie, l'écriture, les États…** Mais pas de miracle: au prix[2] d'un assujettissement durable à la terre et au travail – et, depuis, d'une nostalgie tenace du paradis perdu…

Puis, nouveau coup d'accélérateur: voici un quart de millénaire à peine, l'humanité commence l'exploitation systématique des réserves de biomasse fossile (le charbon puis le pétrole) **enfouies dans les sous-sols de la Terre.**

En peu de décennies, la **machine à vapeur** multiplie de façon spectaculaire les capacités de production et de transport. **L'automobile et le goudron rendent possible l'explosion de la mobilité individuelle. Du pétrole sort le plastique – et du tout, la société de consommation.** C'est la révolution industrielle, dans ses différentes phases.

Cette transformation radicale de nos modes de vie, dont nous voyons aujourd'hui à quel point ils restent fragiles, a été précédée de trois siècles de conquête du monde par les puissances européennes, mobilisant les rapides progrès scientifiques et technologiques intervenus depuis la Renaissance.

Et un fossé s'est creusé entre des aires longtemps équivalentes en termes de niveau de développement qu'étaient les espaces proche-oriental, indien, précolombien, chinois et l'espace européen. Alors que les quatre premiers nommés se sont repliés de gré ou de force sur leurs acquis, **l'Occident s'est mis en tête de soumettre la planète entière et de la modeler à sa façon.**

Autant par appât du gain et volonté de domination, que par ambition missionnaire de répandre la « vraie foi » puis les « lumières », convaincu à chaque fois de sa supériorité.

Le partage du monde entre les puissances européennes a été achevé à la fin du XIXe siècle, et on renomma l'obsession civilisatrice le « fardeau de l'homme blanc » ! Le vrai poids de l'homme blanc a toutefois été porté par les peuples colonisés, qui subirent la déstructuration sans ménagement de leurs valeurs et modes de vie, et la brutale dépossession de leur identité.

Pour l'homme blanc, relève le préhistorien Jean-Paul Demoule, *« dans une succession intangible, toutes les sociétés humaines seraient vouées à passer par une série d'étapes, la plus aboutie étant évidemment notre société industrielle moderne. Et, comme dans une course, certaines sociétés seraient plus "avancées" dans ce parcours, et d'autres, moins*[3] *»*. **Programme accompli sous nos yeux, mais avec de spectaculaires coûts écologiques, culturels et sociaux !**

LE PROGRÈS DOIT ÊTRE D'ABORD MORAL ET HUMAIN

En quelques générations, à l'aide aussi du rouleau compresseur de l'État-nation moderne, **la formidable diversité culturelle et des façons de vivre issue de l'espace et du temps** a été **nivelée, emportée**. Porter son regard sur des collections d'anciennes photos de paysages, de costumes, de bâtiments, de métiers, est saisissant, et **le monde occidental, déclencheur de ce chamboulement global, n'en a aucunement été épargné.**

Au fil des siècles puis des décennies, les cycles d'innovation technologique n'ont fait que s'accélérer, bouleversant en peu de temps nos vies et la vie sur Terre, au point qu'on a nommé notre époque l'Anthropocène. Alimentation, soins, déplacements, habitat, production, biens de consommation – l'existence a pris une tout autre tournure, la peine des hommes, en période de paix s'entend, s'est trouvée fortement réduite, même si pour la plupart d'entre eux, l'allègement de leur sort est plutôt récent.

Cette succession de révolutions technologiques suscite à la fois un engouement naïf et malsain pour l'innovation célébrée comme telle, sans se poser la question de ce qu'elle apporte, et un conservatisme obtus («on a toujours fait comme ça»), tout aussi malsain. Pour les uns, légèrement résignés, on «n'arrête pas le progrès». D'autres, pensant que les aléas de l'existence sont derrière nous et qu'à toute difficulté, «on» trouvera bien une solution, cultivent la croyance en des possibilités supposées illimitées de la science.

Il ne s'agit pas de rejeter la perspective de pouvoir, grâce à la technologie, faire mieux les choses, d'être plus efficace, d'avoir une vie meilleure. Cette ambition est saine et juste, toutefois elle est trop souvent dévoyée par les buts pour lesquels les innovations sont développées et la manière dont elles sont introduites. Soit essentiellement pour des perspectives de rentabilité commerciale, ou alors pour augmenter le pouvoir, surtout militaire, des États: la guerre a toujours été un motif d'ingéniosité et de progrès technique.

Issues des laboratoires et des chaînes de fabrication titillés par une compétition globale, de nouveaux produits, procédures et possibilités surgissent en continu dans notre quotidien.

Ce n'est qu'ensuite qu'on se demande si cela va être utile plus largement et, après de longues controverses, on corrigera éventuellement des effets négatifs à la marge[4]. Et, surtout, on ne nous demande pas notre avis ; l'essentiel de ce qui change nos vies échappe à la volonté collective et tout se passe comme si l'innovation soit à accueillir **par principe, notre tâche étant de nous y adapter.**

Pourtant, **au long de la révolution industrielle, tout le monde ne l'a pas entendu de cette oreille**. Au début du XIXe siècle, des artisans s'étaient opposés violemment au machinisme ; leurs craintes n'étaient pas infondées. Un siècle plus tard, des agriculteurs refusaient le recyclage des gaz de combat excédentaires en pesticides… et préférèrent se regrouper autour de la culture biologique. Le développement de l'automobile, rendu possible par le pétrole[5] et son sous-produit le goudron, et qui a changé la face du monde, n'a par contre guère suscité de questions de fond.

LE PRESSENTAIENT-ILS ?

Le neurologue français Sébastien Bohler nous rappelle que « *l'immense cortex* d'Homo sapiens, *en lui offrant un pouvoir toujours plus étendu, a mis ce pouvoir au service d'un nain ivre de pouvoir, de sexe, de nourriture, de paresse et d'ego* ». « *La catastrophe consumériste dans laquelle nous sommes engagés n'existerait pas sans ces deux ingrédients : le cerveau d'un primate et la technologie d'un dieu*[6]. » Icare et Prométhée s'y sont cassé les dents ; pour quelles raisons ferions-nous mieux qu'eux ?

Quand on pense au procès de Galilée, sans le moins du monde défendre les inquisiteurs arcboutés sur des dogmes contraires aux réalités observables, on ne peut pas se défaire de l'idée qu'ils avaient peut-être un pressentiment des dérapages qui allaient

…

...

suivre. À savoir que percer le mur des fausses certiudes ouvrirait la boîte de Pandore de pouvoirs toujours plus grands, aux risques d'abus également toujours plus grands.

Osons affirmer qu'une **avancée technique n'est pas automatiquement aussi une avancée humaine, culturelle ou morale.** Elle ne fait qu'augmenter d'un cran nos capacités d'agir pour le mal ou pour le bien, le risque étant clairement que **tout ce qui est techniquement faisable finisse par être fait**. Nous courons toujours plus vite, mais dans quel but et dans quelle intention? Que voulons-nous vraiment?

La clé d'une maîtrise des choses réside dans la capacité de la société à orienter les innovations dans la bonne direction. Par exemple, celle donnée pour la décennie en cours par les 17 objectifs de développement durable des Nations unies, excellent résumé des besoins de notre temps[7].

La question est dès lors de pouvoir anticiper les apports bénéfiques et les dangers d'une innovation, définir les cadrages et les modes d'emploi sociaux qui devraient accompagner toute évolution, et cibler l'effort de recherche et d'application vers des priorités collectivement validées.

Si on évoque de plus en plus les «dégâts du progrès», **pour de nombreuses thématiques, on peut partir du constat d'un apport globalement positif: dans la médecine, dans la gestion durable des flux de matières ou d'énergie, dans les énergies renouvelables et l'habitat, dans la sécurité et la santé à la place de travail.** Un suivi vigilant reste toutefois toujours de mise.

Mais il en est d'autres où l'orientation vers le bien commun est nettement plus difficile. La première, le nucléaire, est intrinsèquement dangereuse et la deuxième, la biotechnologie, exige un accompagnement particulièrement strict ; quant à la troisième, l'informatique, une action ferme contre les dérapages s'impose. La première modifie la structure de la matière, la deuxième celle de la vie, la dernière nos modes de perception et de communication.

PRENDRE LES COMMANDES DE LA MATIÈRE PUIS DE LA VIE...

Commençons par **la technologie nucléaire**, dont l'essor – militaire puis « civil » – a marqué le XXe siècle. Elle consiste à agir sur la structure atomique de certains éléments pour déclencher la transformation de leur matière en rayonnement radioactif. On espérait produire ainsi une énergie illimitée et sûre. C'est le contraire qui est arrivé : la production des quelque 450 réacteurs nucléaires du monde plafonne à 2-3 % du bilan énergétique global... et l'étanchéité du « cycle du combustible » est loin d'être garantie.

Car les effets cancérigènes, mutagènes et tératogènes[8] de la désintégration nucléaire exigent de pouvoir s'en protéger sans faille[9]. Si les accidents majeurs sont peu fréquents – mais spectaculaires –, les réacteurs nucléaires sont au cœur d'une constante circulation de matières radioactives ; les déchets irradiés continuent de s'accumuler alors qu'on ne sait toujours pas qu'en faire. S'il est relativement facile de mettre en route une réaction en chaîne, c'est une tout autre affaire que de l'arrêter, et à ce stade la situation nous a déjà échappé.

La biotechnologie poursuit dans la même logique, mais en passant de la structure de la matière à celle du vivant. Tout d'abord, quels sont les motifs pour lesquels on entend modifier le vivant ? Prenons les organismes génétiquement modifiés (OGM) : s'agit-il d'augmenter la résistance d'une plante utilitaire aux pesticides, ou aux prédateurs des cultures ? Et quelle est notre capacité d'éviter que nos créatures ne se diffusent dans l'environnement ?

Les risques d'abus sont grands avec l'homme augmenté, l'androïde, la manipulation de la vie, le clonage, qui brouillent les frontières entre le réel et l'imaginaire, le rêve et le cauchemar, le naturel et l'artificiel. La machine qui s'autodétermine, la voiture autonome qui amène ses passagers à bon port, l'arme « intelligente » qui tue sans états d'âme[10] sont à nos portes, illustrant toute la diversité des possibles.

En fusionnant les techniques informatiques et biologiques, prendre la direction des influx nerveux déterminant nos sentiments, nos réactions, nos pensées semble à portée de main… C'est la grande crainte de l'historien israélien Yuval Noah Harari dans son ouvrage *Homo deus*. Et nos créatures de nous narguer, avant de nous transformer ou de prendre les commandes sur nos destinées.

INFORMATIQUE : DU LIEN SOCIAL À SA FRACTURATION

Face aux risques patents du nucléaire, aux enjeux troubles de la manipulation de la vie, l'informatique, conviviale, utile dans de très nombreuses applications et aujourd'hui au cœur de notre quotidien, est longtemps apparue comme peu problématique. Depuis quelques années, les yeux se dessillent et la nécessité de pouvoir trier, cadrer et orienter s'y fait également sentir.

Souvent présenté comme virtuel, le monde de l'informatique est en réalité terriblement matériel. **Construire nos outils informatiques est polluant et mobilise de nombreuses substances rares ; quant aux équipements usagés, leur gestion est loin d'être satisfaisante.**

Même si l'on œuvre à une informatique « verte », on reste encore loin du compte et le taux de recyclage global plafonne à 20 %[11]. **Plus de 10 % de la consommation d'électricité mondiale[12] est due à l'informatique** ; 75 % de l'électricité étant produite dans des centrales au charbon, chaque recherche sur Internet vaut son pesant de CO_2.

Les émissions de gaz à effet de serre dus à l'informatique atteignent le double de celles de l'aviation civile, se partageant à moitié entre la production des équipements et leur utilisation. Enfin la question des rayonnements dus à la puissance croissante des réseaux reste ouverte, alimentant la controverse autour de la 5G.

Puis il y a les impacts immatériels mais bien réels, eux aussi. Donnant la parole au meilleur et au pire, **le Net ouvre autant les portes du savoir du monde qu'il répand des contenus agressifs et destructeurs**. Assurant à travers l'anonymat une large impunité, il libère les bas instincts, devient plateforme de tous les fantasmes et de la radicalisation des positions. En tapotant sur leurs smartphones, des enfants de 10 ans ont pu accéder à des décapitations par l'État islamique ou à des scènes de zoophilie.

« Habitué à être hyperstimulé par une interface numérique, le cerveau enfantin ne supporte plus les phases de calme ou de faible stimulation[13]*. »*

Sébastien Bohler

L'absorption par un monde virtuel et addictif au lieu d'une interaction avec le monde réel inquiète. Pour Sébastien Bohler, *« nous ne supportons plus les informations trop longues. […] Il n'y a plus de place pour une pensée étayée et développée*[14] *»*, qui se réduit à un « tweet » dont l'immédiateté relève à la fois du bon mot et de la condamnation sans appel. Les messages haineux sur le Net ne sont aucunement virtuels : la haine en ligne a tué et tue encore.

Plus largement, c'est la capacité de se former une opinion et d'argumenter qui est affaiblie par les algorithmes à la base du fonctionnement d'outils comme Google ou Facebook, qui nous enferment dans les contenus dont ils ont repéré qu'ils correspondaient à ce que nous aimions voir et entendre. Ainsi, on se retrouve constamment à n'entendre qu'un seul son de cloche : le nôtre. On oublie la méthodologie et la déontologie de se documenter, de douter, d'argumenter et on ne fait qu'entretenir ses propres convictions.

La montée des extrémismes politiques et religieux est puissamment favorisée par cet effet caisse de résonance, nous y reviendrons. La pluralité des points de vue, l'acceptation de l'incertain, le refus des *a priori* sont des forces et non des faiblesses ;

la capacité de dialoguer et la tolérance sont les ressorts vitaux du vivre-ensemble ; l'aptitude à écouter avant de donner son avis sont la condition pour apprendre. La phrase si souvent prononcée « tu ne me convaincras pas » clôt toute possibilité d'échange et de recherche d'un terrain d'entente[15].

Les médias sociaux ont connu là des usages bien antisociaux... Des États, ainsi que l'Union Européenne, ont commencé à légiférer contre les abus en ligne et pour responsabiliser les opérateurs et les hébergeurs, et à limiter l'anonymat. Et les grands de l'informatique ont mis du temps avant de se montrer davantage coopérants. On pourrait encore ajouter d'autres aspects négatifs qui exigent une action urgente : la cybercriminalité, le Darknet, le *sexting* (le harcèlement à connotation sexuelle sur le Net, qui a conduit déjà à des suicides de victimes de cette pratique, ce qui est dit d'une personne ne s'effaçant pratiquement plus et la poursuivant sur toute la planète[16]).

La dépendance de l'informatique de nombreux processus vitaux pour notre société technologique la rend fort vulnérable... Des empires se sont constitués sur ces technologies, avec leurs rentes de situation et la traçabilité, par un « Big Brother » commercial, militaire ou administratif, de chacune de nos préférences - le modele d'affaires des grands de l'informatique étant fondé sur la commercialisation de celles-ci. Quant à l'intelligence artificielle, elle exige urgemment un mode d'emploi assurant que l'humain reste en tout temps aux commandes et que ces outils ne soient pas autre chose que des aides à la décision.

Enfin, **l'effet sur l'emploi paraît, dans un modèle économique globalement en panne, particulièrement ravageur**[17].

Une synthèse de 17 études nationales sur Informatisation et emploi publiée en novembre 2016 par l'European Parliamentary Technology Assessment[18] présente des chiffres qui font froid dans le dos.

Ainsi pour les seuls États-Unis, elle concluait sur une fourchette de - 9 à - 47 % de pertes nettes d'emplois, sachant que la valeur la plus basse signifie déjà une hausse d'un tiers des taux actuels de chômage! L'Union européenne (UE) compte 16 millions de chômeurs; dans la zone euro, 1 jeune sur 6 est sans emploi[19]. Quant aux pays en développement, 600 millions d'emplois sont à créer d'ici quinze ans pour les jeunes arrivant sur le marché du travail.

Pour tous ces aspects, un balisage ayant force de loi est indispensable pour soutenir les bons aspects de l'informatique et agir contre ses effets négatifs.

MARS APRÈS LA TERRE ?

Alors que sur Terre, de larges moyens financiers et technologiques seraient nécessaires pour assurer la résilience écologique et sociale, on s'en irait les gaspiller ailleurs. Pire: **au lieu de réhabiliter ce que nous avons détruit, nous nous apprêterions à exporter notre agressivité colonisatrice plus loin dans l'univers.**

Comme si les tentatives de réparer ce que nous avons infligé à notre milieu de vie étaient par avance condamnées, voilà qu'on ne se contente pas de s'attaquer à la Terre. On voudrait établir des habitats durables sur orbite, exploiter les minerais de la Lune, coloniser Mars… Nous avons mis un grand désordre dans notre maison, et notre réflexe quasi animal serait la fuite.

Pareille démarche serait la confirmation d'une irresponsabilité extrême, soulignant la cause de nos dérives tout en les amplifiant. A-t-on une idée du coût du transport d'un nombre suffisant d'humains vers la planète rouge pour y fonder une colonie, du matériel qu'il faudrait y convoyer, **des aléas d'une installation pérenne entièrement hors sol dans un environnement infiniment plus hostile que celui que la Terre nous offre (encore)** ? D'une vie menée des années durant dans la bulle d'un scaphandrier et en milieu fermé, totalement artificiel ?[20]

La société industrielle et de consommation constitue une tentative de vivre mieux, qui est en train de mal tourner. Car si l'humanité n'arrive pas à trouver une prospérité raisonnable négociée avec son support naturel, **sa trajectoire sera vite résumée : arrivée très pauvre sur une Terre très riche, elle quittera très pauvre une Terre qu'elle aura rendue très pauvre…**

Cessons de vouloir conquérir de plus vastes territoires, et occupons-nous de conquérir notre sérénité intérieure. Restons sur Terre et gérons bien ce que nous avons. Ce n'est qu'autour d'un projet de responsabilité individuelle et collective que peut se redéfinir un nouvel équilibre.

CHOISIR PLUTÔT QUE SUBIR

Une évidence s'impose : il n'est pas acceptable que le « progrès » soit subi, craint ou adulé, et que ce qui forge notre quotidien puisse échapper à toute délibération et décision collectives. Il manque un filtre, un processus d'évaluation des impacts bénéfiques et négatifs à attendre d'une innovation, sur les plans économiques, écologiques et sociaux et dans la perspective de « l'avenir que nous voulons[21] », avant qu'elle ne puisse être généralisée.

FAIRE LE LIEN ENTRE MOYENS ET BESOINS

L'essentiel des biens et services que nous utilisons au quotidien nous sont fournis jour après jour par l'économie, à un certain prix, avec une certaine valeur – et à un coût écologique et social. L'économie est formée d'entrepreneurs poursuivant une idée qu'ils espèrent profitable, d'investisseurs répondant ou non à leur appel, de salariés qui la mettent en œuvre, de consommateurs réceptifs ou non à ce qui leur est suggéré. Cet esprit d'entreprise et d'engagement est un ressort majeur de la dynamique sociétale. Mais qui assure que la nouvelle idée, le nouveau produit n'est pas un gadget de plus, une source de nuisances futures ? Qui vérifie, avant de s'engager sur son financement, que le projet répond à une réelle utilité, apporte une plus-value à la société ? Qui assure, compte tenu des nombreux enjeux écologiques et sociaux occultés dans la formation des prix, une concurrence loyale sur les marchés ? Et qui veille à la pérennité des cycles naturels, fondement de toute économie ? Le succès sur un marché est celui d'une demande solvable – qui peut être bien autre chose que l'expression d'un bienfait plus large.

Le principe de précaution a été défini en 1992[22] pour cadrer les risques sociétaux imprévisibles et d'ampleur telle qu'on ne peut pas assumer de les courir. Mais la cause n'est pas gagnée : à l'inverse de cette saine prudence, d'aucuns souhaitent inscrire dans la loi un principe dit « d'innovation[23] »… qui ancrerait dans les référentiels juridiques le préjugé favorable qui est précisément à la source de nos problèmes.

L'innovation technique appelle ainsi… à l'innovation sociale et institutionnelle pour l'orienter collectivement et consciemment, à travers une **systématique d'anticipation** ; elle exige **de débattre des cadrages souhaitables, puis de les traduire en accompagnement législatif**. Actuellement, de tels débats ne sont pas agendés d'office, et **on est loin d'une analyse méthodique, transparente, menée à armes égales, portant sur les principes et les modalités d'une innovation**.

Les chercheurs, qui semblent de plus en plus convaincus de **la nécessité d'un ajustement entre moyens et besoins, entre technique et humanisme**, devraient davantage insister pour que leur créativité puisse servir le bien commun. **Une démocratie qui n'est pas en mesure de se saisir de ce qui structure le quotidien des humains est gravement tronquée, et la démocratie de l'ère technologique reste à imaginer.** Même si leurs moyens et leur influence restent limités, les institutions dévolues à l'évaluation technologique[24], mises sur pied dans divers pays, tout comme les commissions d'éthique, en constituent des prémices.

AGROALIMENTAIRE : RETROUVER NOS REPÈRES

Un domaine clé qui a été complètement bouleversé par les innovations scientifiques et techniques est celui de l'agroalimentaire. Les XIXe et XXe siècles ont révolutionné les méthodes de production et de conservation, tout comme l'éventail des nutriments disponibles. Ces deux cents ans ont connu un **mouvement constant des campagnes vers les villes**[25] à travers lequel, **la technique aidant, toujours moins de paysans nourrissent toujours plus de non-paysans.**

Ces derniers consacrent de leur côté de moins en moins de temps et d'argent à leur alimentation : 40 % du budget familial en 1900 ; quatre à cinq fois moins aujourd'hui – nettement moins que pour les loisirs ou l'électronique. L'agriculture a ainsi passé d'une millénaire autosuffisance[26], avec 80 % de la population s'y adonnant, à des activités de plus en plus spécialisées, dotées de moyens de plus en plus puissants.

Il fallait moderniser l'agriculture, obtenir une plus forte productivité, diminuer la peine du paysan, pouvoir mieux conserver les aliments, lutter contre des pénuries qualitatives et quantitatives souvent dramatiques. **Mais on a été trop loin, la « rationalisation » agricole, les excès de l'élevage industriel**[27] **et du forçage chimique ont fini par niveler les produits, la diversité des sortes animales et végétales, les territoires, l'environnement – et les paysans eux-mêmes.**

Globalisation oblige, **on trouve de tout partout et à des prix imbattables** : des pommes de Nouvelle-Zélande, des haricots du Maroc, des asperges de Thaïlande, du vin d'Amérique du Sud.

En Afrique, les céréales traditionnelles sont supplantées par la baguette en farine blanche importée. **On perd la notion du goût et des saisons ; la grande variété génétique** et de saveurs créée au fil des millénaires dans les terroirs du monde, des centaines d'espèces de pommes, de poires, de légumes, d'animaux de ferme… **ont failli disparaître à tout jamais.**

Des pans entiers de la forêt tropicale, une des bases de la biodiversité mondiale, sont convertis sans ménagement en immenses plantations de palmiers à huile[28] et de soja. Sur tout son cycle de production-consommation, le système agroalimentaire global est responsable d'entre un quart et un tiers de l'effet de serre anthropogène.

L'huile de palme est l'ingrédient majeur du fast-food et 85 % du soja du monde servent à nourrir un cheptel de plus en plus nombreux, industrialisé lui aussi, alimentant notre surconsommation carnée. *« L'évolution des habitudes alimentaires donnant une place importante aux protéines animales (…) oblige à fournir aux animaux 10 protéines végétales pour l'obtention finale d'une protéine animale, soit 10 kilos de céréales données à un bœuf pour obtenir un kilo de viande[29]… »*

Un autre souci est l'accumulation de substances écotoxiques dans la chaîne alimentaire, dénoncée voici bientôt soixante ans par la biologiste américaine Rachel Carson. Depuis, un peu partout où s'est développée l'approche agro-industrielle, les sols et les eaux se sont bien chargés en substances chimiques, qui vont être très difficiles à résorber et dont l'effet des interactions reste une grande inconnue.

Le cercle vicieux de la rationalisation agricole est simple et terriblement efficace : produire toujours plus, utiliser pour ce faire force engrais et autres intrants, ce qui fait chuter les prix et conduit à produire encore plus… En Suisse, près de la moitié des exploitations[30] ont disparu entre 1990 et 2020 et la taille moyenne de celles qui subsistent a augmenté d'autant.

Pour le consommateur, à qui on a annoncé une nourriture abondante et pas chère, ce qui était d'abord vécu comme une libération a tout d'une nouvelle dépendance. **80 % de notre nourriture n'est plus préparée à la maison mais apprêtée industriellement**. Or, cette alimentation comporte **une forte part de lipides et de glucides cachés** (de plus, sous forme de graisses saturées et de sucres raffinés) **et un grand nombre d'additifs, arômes et goûts trafiqués, qui nous font rechercher ce qui n'est pas bon pour nous.**

SANTÉ HUMAINE ET SANTÉ DE L'ENVIRONNEMENT VONT DE PAIR

En Suisse, une des conclusions du programme national de recherche « Alimentation saine issue d'une production alimentaire durable » est « *que souvent, les régimes alimentaires prévenant les maladies chroniques et dégénératives sont aussi bénéfiques pour l'environnement*[31] ». L'enjeu de la viande est crucial et illustre particulièrement bien ce lien, l'OMS ayant classé en 2015 la viande rouge comme probablement cancérigène et la viande transformée comme cancérigène[32]. « *L'image que nous avons devant les yeux est folle : c'est celle d'une humanité qui engouffre 300 millions de tonnes de viande par an. (…) En 2030 on s'attend à ce que 38 % de l'humanité soit en surpoids, et 20 %*

…

...

obèse[33]. » Agrobusiness et fast-food sont clairement les deux faces d'une même médaille.
Au final, nous mangeons deux fois trop gras, trop sucré, trop salé, trop carné – et trop de tout ; en peu de générations, l'on est passé de la « malbouffe » de la pénurie à la « malbouffe » de l'abondance. Avec la perte des savoirs et des savoir-faire alimentaires et culinaires, un besoin fondamental était devenu quantité négligeable. Et l'on oublie d'où cela vient et qui l'a produit.

Affections cardiovasculaires, obésité, cancers et diabète augmentent fortement. En 2016, l'OMS constatait que *« la prévalence mondiale du diabète (...) a presque doublé depuis 1980, passant de 4,7 à 8,5 % de la population adulte*[34] *»*. La maladie touche 463[35] millions de personnes, chiffre qui devrait atteindre 620 millions d'ici 2035, et occasionne 5 millions de décès par an – davantage que le sida, la tuberculose et le paludisme réunis. **Des études[36] tendent même à associer fast-food et réduction du discernement... d'où un risque d'incapacité à sortir de mauvais choix alimentaires – et sociétaux**

Pour augmenter la productivité naturelle du sol, des plantes et des animaux et l'autonomie des individus, on aurait mieux fait de partir du savoir-faire séculaire des paysans, dans une démarche organique et évolutive. Consigné au début du XVIIe siècle par Olivier de Serres[37] puis trois générations plus tard par Jean-Baptiste de La Quintinie[38], ce savoir-faire souvent moqué et méprisé impressionne par son caractère subtil, systémique et complexe.

CINQ CRITÈRES POUR NOTRE PAIN QUOTIDIEN

Une nouvelle donne et de nouveaux modèles économiques s'imposent[39], à travers cinq critères complémentaires associant notre santé et celle de la Terre[40] et **jalonnant le passage du quantitatif au qualitatif.**

La santé

80 % des maladies cardiovasculaires et des cas de diabète, 40 % des cancers pourraient être évités par **une alimentation plus saine, la renonciation au tabac et une moindre sédentarité.** L'OMS recommande de faire au moins une demi-heure d'efforts physiques par jour et d'augmenter fortement de la part des fruits, oléagineux, légumes, légumineuses et céréales non raffinées dans nos assiettes.

Fortement corrélée socioculturellement, la « malbouffe » souligne les inégalités devant la santé ; le droit à une alimentation saine pour tous n'est pas encore reconnu comme un objectif majeur de politique sociale. Si, sur cette planète, près de 830[41] millions de personnes ne mangent pas à leur faim, près du triple souffrent de suralimentation ; les effets que cette dernière génère en termes de coûts de la santé permettraient de nourrir tous ceux qui ont faim !

La proximité

Donner la préférence à la production de proximité, c'est demander à chaque territoire de prendre ses responsabilités ; c'est **éviter les transports inutiles, mais aussi sauvegarder des emplois et**

une vie sociale dans les campagnes. Dans les régions périphériques, l'agriculture, pas assez rentable, recule depuis des décennies et les sols fertiles autour des villes, autrefois vastes secteurs maraîchers pour leur approvisionnement, restent souvent considérés comme des réserves de terrains à bâtir.

QUE VOULONS-NOUS ?

- Une agriculture industrielle, sur d'immenses surfaces, au fort coût énergétique, avec beaucoup d'intrants, peu d'emplois, nivelant les goûts et la diversité, orientée vers la monoculture, où le sol est un simple support pour des plantations bourrées de produits et récoltées en un clin d'œil par d'immenses machines, tournée vers la quantité en négligeant ses coûts environnementaux et sociaux, fragile ?
- Ou une agriculture artisanale, décentralisée, à bon bilan énergétique et CO_2, avec peu d'intrants, beaucoup d'emplois, valorisant la productivité naturelle du sol et la diversité, pratiquant la polyculture et la multifonctionnalité, tournée prioritairement vers les circuits courts, assumant ses coûts, durable ?

Aujourd'hui les labels d'origine et les initiatives de l'agriculture contractuelle de proximité (ACP), ou associations pour le maintien d'une agriculture paysanne (AMAP), participent à retisser des liens entre producteurs et consommateurs.

La diversité des espèces et des goûts

Chaque sorte végétale, chaque race animale est un élément d'un **capital génétique précieux, qui nous évite de dépendre de**

quelques souches seulement. La protection légale de produits agricoles date d'il y a plus d'un siècle[42], suivie par la délimitation des vins et des fromages. L'essor des AOP (appellations d'origine protégée), le sauvetage parfois en dernière minute de nombreuses pratiques culinaires et variétés génétiques soulignent cette reconnaissance. Slow Food[43] et Pro Specie Rara[44] s'engagent pour cette diversité. Il s'agit aussi de garantir **le droit des producteurs à disposer de leurs semences**[45].

Un prix équitable, ici et ailleurs

La pression sur les prix par une sous-enchère écologique et sociale n'est pas acceptable. Compenser ces distorsions est une des raisons d'être de la politique agricole ; il est dans le rôle de l'État de veiller au juste prix et au juste salaire, **car chacun doit pouvoir gagner sa vie dignement par son travail**. Malheureusement les subventions, qui fournissent aujourd'hui environ la moitié du revenu paysan[46], sont encore trop allouées en fonction des surfaces et des quantités, elles tendent donc à augmenter les disparités au lieu de les combler.

Créée dans le contexte du Sommet mondial de l'alimentation tenu en 1996, la fédération de mouvements paysans Via Campesina[47] affirme l'exigence du maintien d'une production vivrière et décentralisée, qui passe par un revenu décent pour les producteurs. Le commerce équitable se situe aussi dans ce contexte[48].

Les modes de production propices à la qualité de l'environnement et des produits

Pierre Rabhi relate ainsi sa découverte de la biodynamie : *« J'ai pris conscience qu'il existait une autre manière de cultiver la terre, de sortir du cycle infernal de détruire pour produire. Concilier la nécessité de se nourrir avec le respect et la préservation de la vie était possible, et même démontré. Régénérer les sols, augmenter leur fertilité était possible. Produire des denrées de haute qualité nutritive, favorables à la santé, était possible. Respecter les animaux de la ferme était possible[49]. »*

Misant sur la stimulation de la vie du sol par des engrais naturels (compost), la capacité de résistance et la complémentarité des végétaux et des animaux, ainsi que la lutte biologique, ces approches prouvent depuis plus d'un siècle leur faisabilité et leur productivité. Quant au consommateur, il retrouve des produits plus authentiques et plus sains. La FAO écrivait en 2002 déjà que *« localement, l'agriculture biologique pouvait devenir, dans les 30 prochaines années, un substitut tout à fait envisageable de l'agriculture traditionnelle[50] ».*

Aujourd'hui, **il est de plus en plus admis que seules des pratiques agroécologiques[51] parviendront à pourvoir à l'alimentation d'une humanité en nombre croissant sans détruire les sols.** Le rapporteur des Nations unies pour le droit à l'alimentation 2008-2014, Olivier de Schutter, a largement abondé dans ce sens[52], suivi par la FAO[53]. Citons aussi l'engagement remarquable de la Fondation Biovision[54].

LES NOUVELLES APPROCHES AGRONOMIQUES ONT FAIT LEURS PREUVES

Seules une autre politique agricole[55], d'autres pratiques agronomiques[56] peuvent réconcilier promotion de la biodiversité et production agricole, sachant que, bien utilisée, la biodiversité est propice à la production. Ce sont, par exemple, l'agroforesterie[57], la culture bio, la permaculture ou encore l'agriculture de conservation[58]. Timidement, l'agriculture « conventionnelle » évolue, mais bien trop lentement, à travers des surfaces de promotion de la biodiversité, une réduction des quantités d'engrais et de traitements, les méthodes de lutte biologique et des variétés résistantes. Tout cela crée plus d'emplois, demande plus d'attention et est un peu plus cher. L'orientation des subsides étatiques et la réponse des consommateurs seront ici décisives.

La capacité de production actuelle permettrait largement de nourrir la planète. D'autant plus si l'on réaffecte les surfaces actuellement dévolues aux biocarburants ou à notre propension carnivore, et que l'on parvient à diminuer le gaspillage alimentaire qui anéantit, entre le champ et l'assiette, plus du tiers de la production.

LA BATAILLE DU CLIMAT

On se le rappelle : la définition même de la révolution industrielle, sa source, est la mobilisation du carbone fossile enfermé durant des centaines de millions d'années dans les profondeurs de la Terre. C'est le triomphe du charbon au XIXe, du pétrole au XXe siècle, qui a tout changé. Le prix à payer pour cette utilisation massive du carbone : une déstabilisation climatique qui s'accélère sous nos yeux. **À nouveau se manifeste ici l'ambivalence fondamentale du « progrès » !**

Jusqu'alors, l'humanité s'était contentée d'énergies renouvelables : l'énergie musculaire humaine et animale, le vent, l'eau, le bois ; elle a aussi développé de nombreuses astuces pour faire face à la chaleur et au froid. Aujourd'hui, les énergies fossiles représentent plus des deux tiers de la production d'énergie mondiale et, rappelons-le, les trois quarts de la production d'électricité ; **pratiquement toute notre société reste fondée sur le charbon et le pétrole**.

Particulièrement polluant, non renouvelable à échelle humaine et devant être importé, drainant une partie du revenu national vers des acteurs économiques et des zones à la gouvernance pas forcément recommandable, le fossile est au cœur de la bataille climatique. **Un retour, sous des formes appropriées à notre époque, des énergies renouvelables, disponibles localement et au bilan économique, écologique et social infiniment meilleur, s'impose.**

Le changement climatique est **un des défis les plus graves posés au vivre ensemble, à la qualité de la vie et à l'équité** sur cette planète ; **des centaines de millions de personnes en seront directement impactées, notamment les populations proches de la mer**. C'est essentiellement le transfert, à travers sa combustion, du carbone stocké dans le sous-sol vers l'atmosphère qui **enrichit celle-ci de façon croissante en gaz carbonique pour de nombreuses décennies**, ce gaz étant le plus important des gaz à effet de serre.

Cet effet, en faisant passer la température moyenne à la surface terrestre de -18 °C à +15 °C, a permis à la vie d'émerger ; son dérapage met cette même vie en danger. En peu de décennies, la teneur de l'atmosphère en CO_2 a augmenté d'un tiers, passant de 280 ppm en 1950 à 419 aujourd'hui[59]. **La conséquence est implacable : la température moyenne terrestre s'est élevée[60] en une trentaine d'années de 1,25 °C.**

Il en résulte des années toujours plus chaudes, des incidents climatiques plus violents, une fonte des glaces sur toute la planète et une montée des océans d'un demi-centimètre par an, hausse due pour moitié à la dilatation d'un océan devenant plus chaud et à la fonte des pôles.

Le réchauffement des sols gelés (permafrost) ajoute à cela des rejets massifs de méthane, gaz à effet de serre bien plus puissant que le CO_2, quoique heureusement à durée de vie bien plus brève. Quant à l'accélération de la déforestation et aux incendies de forêts, ils réduisent d'autant la capacité d'absorption de CO_2 des végétaux et en injectent des quantités supplémentaires dans l'air…

Sans maîtrise des changements climatiques, nous serons pris au piège de notre propre serre. Quant aux microparticules de plastique aujourd'hui omniprésentes, elles nous renvoient également au règne du pétrole et à notre recherche de facilité sans jamais penser aux conséquences.

QUARANTE ANS D'ATTENTISME COUPABLE

Dans une enquête publiée au printemps 2019, le journaliste américain Nathaniel Rich[61] relate **les occasions manquées qui nous coûtent aujourd'hui très cher**. Les enjeux du réchauffement étaient connus dès les années 1950. La première Conférence mondiale sur le climat tenue en février 1979 à Genève a conduit à la création du programme Climat mondial de l'OMM et à la constitution du GIEC (Groupe d'experts intergouvernemental sur l'évolution du climat[62]).

Le monde était alors tout près d'engagements sur le modèle de ceux pris pour la couche d'ozone et plusieurs entreprises du fossile étaient prêtes, de gré ou de force, à changer de cap et à investir dans les énergies renouvelables. **Cette fenêtre d'opportunité a été gâchée par l'incompréhension et l'indifférence de certains décideurs, dont Ronald Reagan, l'ayant emporté sur le défenseur du solaire Jimmy Carter.** Depuis, l'industrie du fossile n'a cessé d'alimenter avec obstination et des moyens conséquents, grâce à un réseau occulte d'experts peu scrupuleux, des mensonges et des faits déformés sur le changement climatique, à l'image du lobby du tabac défendant à coups de millions la liberté d'enfumer les autres[63]... Se prétendant « conservateurs », ces milieux sont en réalité des destructeurs.

Il faudra attendre 1994 pour que la Convention-cadre des Nations unies sur le changement climatique entre en vigueur. Son objectif garde toute sa pertinence : *« stabiliser (...) les concentrations de gaz à effet de serre dans l'atmosphère à un niveau qui empêche toute perturbation anthropique dangereuse du système climatique*[64] » (art. 2). Puis dix ans encore avant que le Protocole de

Kyoto[65] apporte des objectifs chiffrés pour les pays industrialisés, puis dix autres années, pour parvenir à l'Accord de Paris, entré en vigueur le 4 novembre 2016[66].

Cet accord marque une nouvelle étape en impliquant l'ensemble des États ; il s'agit de maintenir, à travers l'addition des engagements nationaux, *« l'évolution de la température moyenne de la planète nettement en dessous de 2 °C »* (art. 2, alinéa 1, lettre a). Mais aussi de rendre *« les flux financiers compatibles avec un profil d'évolution vers un développement à faible émission de gaz à effet de serre et résilient aux changements climatiques »*.

Les disparités entre les émissions des pays (calculées en tonnage émis depuis chaque pays divisé par le nombre d'habitants) sont énormes : 15,5 tonnes/an/personne d'équivalents-CO_2 aux États-Unis, 10 en Allemagne, 8 en Chine, 6,5 en moyenne UE, 2,5 au Brésil, 2 en Inde, bien moins en Afrique et dans les PMA (pays dits « les moins avancés[67] »), la cible tolérable étant une tonne par an et par personne.

Il est particulièrement choquant que les régions les plus touchées par le changement climatique sont celles qui y ont le moins contribué, et d'avoir si peu pris la mesure de l'urgence des choses depuis que les scientifiques ont alerté le monde, voici un demi-siècle[68].

ÇA COMMENCE À BOUGER

Ces dernières années, une prise de conscience de l'urgence se développe, notamment à travers les mobilisations de jeunes pour le climat. De nombreuses collectivités et entreprises souhaitent atteindre la **« neutralité climatique » d'ici 2050**. Mais la dynamique climatique ne nous laissera aucunement autant de temps et exige des changements drastiques dès maintenant ; les émissions doivent en effet reculer des deux tiers d'ici 2030 si l'on veut atteindre la trajectoire définie par l'Accord de Paris.

Cette réduction des émissions passe par une forte diminution de la consommation d'énergies fossiles, à travers des améliorations de l'efficience technique, un comportement sobre en énergie et un développement massif des énergies renouvelables.

Pour décarboner nos sociétés, il s'agit de **promouvoir une mobilité électrique fondée sur des sources renouvelables, dans un effort comparable à l'électrification, naguère, des chemins de fer** ; une partie des économies d'électricité pourra y être investie. **Des véhicules à basse consommation et de nombreux procédés à faible demande en énergie existent déjà** et doivent être généralisés.

Sur ce chemin, il s'agit de lever divers obstacles techniques. Ainsi, le solaire et l'éolien sont par nature intermittents, ce qui nécessite des moyens de stockage, tant décentralisés (batteries) que centraux (installations de pompage-turbinage). On a souvent mis en avant[69] les besoins en métaux et autres éléments rares nécessités par la transition énergétique[70]. Il faudra y répondre par une approche d'économie circulaire et de nouveaux matériaux – enjeux qui concernent aussi le secteur informatique.

Mais cela ne suffira pas, et **on ne pourra pas se contenter d'aménagements indolores de notre mode de vie**. Il s'agira de modifier nos fonctionnements et de remettre à l'honneur des notions comme **renoncer, réduire, rationner, au nom de valeurs supérieures**. D'ailleurs, **sortir de l'agro-industrie, du chauffage excessif de nos logements** (chaque degré Celsius supplémentaire signifie 7 % d'énergie en plus)**, de notre addiction aux véhicules surmotorisés et de la frénésie des loisirs énergivores et des déplacements incessants nous fera le plus grand bien.**

Pour la Suisse, le modèle de la Société à 2000 W, développé dans les années 1990 déjà par l'École polytechnique fédérale, **postule une division par trois de la consommation et une couverture des besoins subsistants aux trois quarts par les énergies renouvelables**. Une approche territoriale est nécessaire pour éviter que l'augmentation technique de l'efficience énergétique ne soit annulée par l'augmentation du nombre des moteurs et d'appareils ainsi que de leurs usages (effet de rebond). Des quotas globaux et individuels devront être fixés[71]. Les maisons positives (produisant plus d'énergie qu'elles n'en consomment) nous rendront ici bien service.

Mais il faudra aussi modifier les conditions-cadres: malgré une taxation non négligeable du CO_2 (dont le produit est en Suisse pour une partie redistribué à la population sur le modèle de la taxe sur les composés organiques volatils[72]), le prix du CO_2 reste trop bas pour inciter aux investissements dans la performance énergétique et les énergies renouvelables. Un regard sur les enjeux de la mobilité illustrera l'ampleur des mutations nécessaires.

UN POINT CRUCIAL, LA MOBILITÉ

Dans le monde, le transport routier est responsable d'un bon quart, voire d'un tiers, des émissions de gaz à effet de serre et l'aviation (civile) d'environ 4 %. Son impact est ainsi semblable à celui de l'ensemble du système agroalimentaire. Quand on évoque la demande en transports routiers et aériens, on oublie souvent qu'il existe, une fois la question du besoin traitée, une alternative technique, le ferroviaire.

L'usage du chemin de fer permet de diminuer, par rapport à la route, d'un facteur 5 à 10 les émissions de CO_2, et bien davantage par rapport à l'avion. Le rail est le mode de transport terrestre qui permet de déplacer le plus de charges à la fois.

Cette alternative se trouve toutefois fortement entravée. En effet, dès les années 1930 à 1950 déjà, puis tout au long de la seconde moitié du siècle dernier, dans la plupart des régions du monde, **les réseaux ferroviaires ont été considérablement réduits**.

C'est que les chemins de fer doivent payer leur infrastructure et ont des obligations contractuelles de desserte selon les horaires publiés, alors que, hormis les voies à péage, les réseaux routiers sont très largement financés par la collectivité et que leurs usagers ont le grand avantage compétitif de ne circuler qu'à la demande. Cette flexibilité est appréciée : aller où on veut et quand on veut. Mais elle se paie au prix d'un bilan négatif global.

La non-répercussion d'externalités telles que les coûts de la santé et environnementaux (accidents, consommation d'énergie et de sol, émissions de CO_2, pollution[73]) sur les prix des transports routiers (et aériens) pèse fortement sur la rentabilité financière du rail.

Si bien qu'**au fil des décennies, l'essentiel des lignes urbaines (pratiquement toutes les villes du monde disposaient d'un dense réseau de trams et de chemins de fer suburbains) et de desserte rurale ont été fermées**. En Europe, c'est probablement la France et l'Irlande qui ont été le plus loin dans ce sens.

Le réseau français comptait 70 000 km ; il en reste à peine le tiers et aujourd'hui encore, des lignes peu rentables financièrement continuent d'être fermées en dépit de leurs externalités positives, climatiques notamment, et de leur potentiel de transport[74]. La Suisse se range à l'inverse parmi les pays qui ont le moins réduit leur réseau ferré (d'environ 10 % seulement[75]).

LA MISE À L'ÉCART DE LA DESSERTE LOCALE FERROVIAIRE PAR LE LOBBY ROUTIER

Le démantèlement systématique des dessertes locales a commencé dès les années 1930 en décriant la desserte ferroviaire locale (le « tortillard ») comme dépassée et en imposant un calcul de rentabilité financière ligne par ligne. Les autorités locales refusaient d'investir dans la modernisation des réseaux, ce qui conduisit à une réduction constante de l'offre, et à lui donner le caractère obsolète attendu.
Le lobby routier – les fabricants de camions, motos et voitures, les entreprises de génie civil, les vendeurs de pétrole, de pneus et de goudron – s'est montré particulièrement agressif. Y compris par la promotion de la voiture individuelle comme moyen de libération, cartes Michelin et mythologie du moteur vrombissant à l'appui.

...

...

« En 1949, cinq entreprises liées à l'industrie automobile, dont General Motors, sont accusées (sans être poursuivies) d'entente visant à établir un monopole, lorsqu'elles achètent les tramways et trains électriques de 45 villes américaines, dans le but de les détruire[76]. » C'est ce qu'on a appelé le GM Streetcar Scandal, qui n'a jamais été complètement élucidé, mais plusieurs indices concordent pour accréditer ces agissements : la simultanéité et la rapidité des fermetures, notamment.

Dans un livre paru voici plus d'un demi-siècle, le grand économiste Alfred Sauvy relate avec précision ces choix économiquement aberrants et soulignait déjà la différence d'un facteur 5 en faveur du rail en termes d'efficacité énergétique. Sa conclusion : *« Plus vite, plus sûr, moins cher, tel est le déconcertant bilan de la voie ferrée ; il n'est pas besoin de dire que le choix actuel des investissements ne se fait pas exactement en considération de tels principes*[77]. »

Sur tout le continent américain, où pratiquement tous les pays (même de nombreuses îles des Caraïbes) disposaient de réseaux parfois extrêmement étoffés (par exemple l'Argentine, l'Uruguay, ou les États-Unis, avec près de 410 000 km de voies ferrées et 80 000 de tramways), **la desserte voyageurs est depuis plusieurs décennies limitée à quelques tronçons et les populations y sont livrées à la route et à l'avion**. Il en va de même au Proche-Orient et en Afrique, faute d'investissements et d'intérêt de la plupart des gouvernements.

La transition énergétique, si elle se veut crédible, doit également être une transition (plutôt, un retour !) **vers le ferroviaire, dont beaucoup de territoires ont oublié jusqu'à l'existence.**

BIODIVERSITÉ : ASSURER LA PÉRENNITÉ DE LA CHAÎNE DU VIVANT

L'autre grand enjeu vital pour l'humanité est le maintien d'une biodiversité qui s'effrite rapidement. Si l'extension des réserves naturelles demeure indispensable, la clé de la survie de la biodiversité est de lui faire une place appropriée sur tout le territoire.

Avec chaque espèce qui s'éteint, c'est un pan de la solidité du réseau du vivant qui s'en va, **la base de notre vie qui se fragilise**. Une espèce éradiquée l'est à tout jamais et chacune a son rôle à tenir dans l'équilibre subtil de la vie. C'est bien la première fois qu'une seule espèce provoque une telle hécatombe – la nôtre[78]. En cause : la déforestation, l'agriculture industrielle, le morcellement et la destruction des espaces de vie, l'omniprésence des substances chimiques, une chasse abusive et le braconnage, les changements climatiques et les dérangements continuels.

Chez les mammifères, le taux naturel d'extinction est d'une espèce tous les cinq cents ou mille ans. Mais depuis quelques décennies, l'accélération est impressionnante. « *L'Indice Planète vivante (IPV) suit désormais l'abondance de près de 21 000 populations de mammifères, oiseaux, poissons, reptiles et amphibiens dans le monde. En utilisant les données de 20 811 populations de 4 392 espèces, l'IPV mondial 2020 montre un déclin moyen de 68 % des populations suivies entre 1970 et 2016 (écart : de −73 % à −62 %[79]).* »

Quant à l'Indice Planète Vivante eau douce, il montre pour la même période une diminution moyenne de 84 %. « *La plupart des déclins sont observés chez les amphibiens, les reptiles et les poissons d'eau douce.* » Enfin, « *les données du Programme des Nations unies pour l'environnement montrent que notre stock mondial de capital naturel, par personne, a diminué de près de 40 %* ». En trente ans, une surface boisée de la dimension de la Libye a été déforestée.

La réduction des effectifs précède la réduction du nombre des espèces et, sur les 128 918 que cite la Liste rouge mondiale de l'Union internationale pour la conservation de la nature, 35 000 sont en danger d'extinction. Soit 14 % des oiseaux, 26 % des mammifères et 40 % des amphibiens[80]. **Les plus menacées sont les espèces peu visibles, mais qui forment la base de la chaîne alimentaire[81]**, comme les insectes ou la microfaune du sol qui en assure la fertilité. Sans biodiversité, pas de sols vivants ; sans insectes, pas de pollinisation…

Une étude publiée en 2017 sur la biomasse d'insectes dans des réserves naturelles en Allemagne montrait une diminution de 76 % en vingt-six ans[82]. Dans les océans, environ 60 % des stocks de poisson sont exploités au maximum de leur productivité et un tiers est surexploité[83]. Les oiseaux des champs sont très sensibles à l'industrialisation de l'agriculture[84].

Ces chiffres ont été précisés par le rapport de la Plateforme intergouvernementale sur la biodiversité et les services écosystémiques (IPBES)[85] qui en mai 2019 signalait que **sur les 8 millions d'espèces animales et végétales recensées dans le monde, 1 million risquent de disparaître**. Il faut dire que 75 % de toutes les terres émergées ont été profondément modifiées et que près de 90 % des zones humides ont disparu depuis le XVIIIe siècle.

LA CONVENTION SUR LA BIODIVERSITÉ

« Petit frère » de la convention sur le climat, moins connu mais traitant d'un sujet tout aussi essentiel, *« affirmant que la conservation de la diversité biologique est une préoccupation commune à l'humanité »* (Préambule), ce texte entré en force en 1993 a pour objectifs : *« la conservation de la diversité biologique, l'utilisation durable de ses éléments et le partage juste et équitable des avantages découlant de l'exploitation de ressources génétiques, notamment grâce à un accès satisfaisant aux ressources génétiques et à un transfert approprié des techniques pertinentes »* (art. 1).

Les États s'engagent à élaborer une stratégie de conservation de leur patrimoine biogénétique, à en identifier *« les éléments constitutifs »* et à en surveiller l'état, à mettre en place des mesures de protection et à restaurer *« les écosystèmes dégradés »* (art. 6, 7 et 8[86]).

De nombreux autres textes internationaux sont consacrés à la protection d'aspects de la biodiversité (zones humides, sites particuliers, commerce d'espèces, etc.[87]). Les 20 objectifs d'Aichi[88] de la conférence de 2010 des États parties à la Convention ont listé les buts à atteindre d'ici 2020 ; leur mise en œuvre nécessitait 135 milliards de dollars par an, le double de ce qui lui a été consacré. Pas davantage que pour le climat, le rythme des actions n'est à la hauteur du défi, les accords internationaux modérant toutefois la dynamique destructrice et constituant un cadre indispensable pour faire pression.

Promouvoir la biodiversité est aujourd'hui une responsabilité de tout gestionnaire d'une parcelle de sol. Cela signifie assurer des espaces pour les espèces : encadrer l'accessibilité humaine ; maintenir et rétablir des infrastructures écologiques, soit les liens entre les biotopes (rideaux d'arbres, haies, cours d'eau, passages pour la faune) ; assurer une perméabilité du sol (pavés filtrants, etc.). Il s'agit aussi de réduire la pollution lumineuse qui perturbe animaux et végétaux. Dans l'aménagement et l'entretien des jardins publics et privés, on intégrera les besoins de la biodiversité aux critères usuels d'esthétique et de délassement.

DES ESPACES POUR DES ESPÈCES

La promotion de la biodiversité doit aussi faire son entrée dans les zones constructibles en modifiant les façons de bâtir et d'aménager. Quand il le faudra, l'on devra renoncer à certains projets. En Suisse, sous l'égide de la Fondation nature et économie[89], plusieurs centaines d'entreprises ont renaturé de nombreuses aires industrielles. Dans les zones constructibles, la conception des bâtiments (dispersés ou regroupés, en hauteur ou à large emprise au sol) ainsi que l'aménagement et le mode de gestion des espaces extérieurs, toits, façades et balcons peuvent faire la différence.

Si nous avons le droit d'utiliser la nature, nous n'avons pas le droit – ni intérêt d'ailleurs – d'en abuser, encore moins de faire disparaître des pans entiers de la vie. *« Il n'est pas du tout répréhensible que les êtres humains utilisent les ressources naturelles pour subvenir à leurs besoins, mais il ne faut pas exploiter la nature au-delà du strict nécessaire. Il y a des limites à tout »*, déclare le Dalaï-Lama[90].

Qu'il s'agisse des ressources minérales, de l'eau, du sol, des plantes et des animaux, de tout ce qui constitue la richesse de notre planète, nous devons introduire dans nos paramètres décisionnels les capacités de charge des systèmes naturels sans lesquels nous ne sommes rien.

Chapitre 2

POUR UNE ÉCONOMIE INCLUSIVE, DE L'UTILITÉ ET DU BIEN COMMUN

Les images de la Terre vue de l'espace apparues voici un demi-siècle se sont depuis imprimées dans nos imaginaires. Admirant le miracle quotidien qui s'y déploie, nous la voyons bien seule dans l'immensité de l'univers.
Oui, il a fallu une extraordinaire conjonction de circonstances pour que la vie puisse apparaître et prospérer sur cette minuscule poussière d'étoiles[91]. Et de ce corps céleste hors norme, seulement une petite partie, celle émergée[92], environ le sixième du tout, est habitable par des organismes terrestres. Et encore, ni les déserts ni la haute montagne. Un petit coin de paradis !

À partir du fameux rapport au Club de Rome de 1972 – il y a bientôt un demi-siècle, aussi, *Les Limites à la croissance* –, l'épuisement des ressources naturelles s'est introduit dans nos (mauvaises) consciences[93].

Malgré les efforts engagés, la pression sur notre enveloppe vitale n'a fait que s'intensifier depuis : alors que la population mondiale doublait, l'extraction de matières non renouvelables s'est multipliée par trois[94].

Plus de 2 milliards de personnes sont soumises à des restrictions d'eau graves durant au moins un mois sur douze, et 500 millions les connaissent toute l'année. Selon diverses études, en 2025, la moitié de l'humanité sera soumise à des pénuries d'eau[95].

En 2009, l'équipe du chercheur suédois Johan Rockström identifiait **neuf « frontières écologiques[96] »** : le changement climatique, les atteintes à la biodiversité, les bilans du phosphore et de l'azote, les atteintes aux sols, la dissémination de substances de synthèse, la pollution atmosphérique, l'altération du cycle de l'eau, l'acidification des océans et la dégradation de la couche d'ozone stratosphérique. Les quatre premières sont déjà franchies.

Publié tous les deux ans[97], le Rapport Planète vivante souligne que l'empreinte écologique de l'humanité a globalement dépassé les capacités de charge des systèmes naturels. **En vingt ans, le « jour du dépassement » a avancé de deux mois**, passant du 29 septembre en 1999 au 27 juillet en 2019 (en 1970, début du décalage, il était encore au 29 décembre[98]).

L'humanité accumule ainsi **une dette écologique croissante**, ce qui a fait dire au Dalaï-Lama que *« l'exploitation maximale des ressources de la nature sans tenir compte des conséquences négatives que cela entraîne pour les prochaines générations est immorale[99] »*. Cette dette écologique non négociable devrait bien plus nous préoccuper qu'une dette financière, toujours discutable entre humains. Car la dette financière peut se gérer politiquement – alors que les lois de la nature échappent aux Parlements !

« Nous avons dévoré sans souci les ressources du monde, comme si elles étaient infinies, poursuit le Dalaï-Lama, *mais nous ne survivrons pas, si nous continuons d'aller contre la nature*[100]. »

« Dans trente ans, le monde n'aura plus rien à voir avec ce que nous voyons aujourd'hui. Année après année, les températures montent, les océans aussi, des milliers d'hectares de terres se transforment en désert et des millions de personnes se préparent à quitter leurs foyers pour migrer[101]. »

Sébastien Bohler

LE FOSSÉ ENTRE BESOINS ET MOYENS RESTE IMPORTANT

Cette prédation massive n'a pas empêché que de nombreux besoins élémentaires demeurent insatisfaits. Si en cinquante ans, la proportion des humains en situation de pauvreté absolue a été divisée par 8, comme en trente ans l'analphabétisme, il reste plus de 830 millions de personnes sous-alimentées. Un nombre semblable n'ont pas pu aller à l'école, doivent se contenter de moins de 2 dollars par jour – seuil de la pauvreté absolue –, n'ont pas de véritable toit, sont privées d'eau potable.

Simultanément les inégalités ont augmenté. Vingt-six personnes possèdent autant que la moitié la plus pauvre des habitants de la planète.

Selon l'OMS, une moitié de l'humanité n'a pas accès à des soins adéquats et un tiers des humains est privé de traitement des eaux usées. 40 % de l'humanité, soit 3,4 milliards de personnes, doivent survivre avec moins de 5,5 dollars par jour.

Un développement est nécessaire et le Sud le réclame avec force. Mais cela **ne peut pas être celui qui prédomine aujourd'hui et qui fait fausse route.**

La société de consommation de l'après-guerre s'est articulée autour de la promesse du « rattrapage » par les catégories moins favorisées du mode de vie mis en avant par plus « chanceux » qu'elles[102]. Pendant une bonne génération, les Trente Glorieuses[103] ont fonctionné selon un schéma simple : l'accumulation matérielle, l'augmentation du « gâteau » – nettement plus digeste politiquement que son partage –, la multiplication des objets, fussent-ils d'une utilité discutable.

« La clé de la prospérité économique c'est la création d'une insatisfaction organisée », clamait Charles Kettering, vice-président de General Motors, dans les années 1920[104]. Il a été entendu et, pour prendre cet exemple, *« le citoyen des pays industrialisés achète aujourd'hui 60 % d'habits en plus qu'en 2000 et les conserve deux fois moins longtemps[105] ».*

La société de consommation a permis et permet toujours à une large part de la population des pays industrialisés d'atteindre un certain niveau de confort et d'aisance matérielle. Mais depuis une bonne génération, son ressort s'est cassé, et elle produit désormais autant de gaspillage que d'exclusion. La crise écologique en montre clairement les limites car **la Terre ne peut donner davantage qu'elle n'a.** La question du sens se pose aussi de plus en plus, richesse matérielle et richesse humaine, biens et liens, quantité et qualité n'étant pas dans une bonne relation.

CES IDÉES REÇUES QUI NOUS TIRENT VERS LE BAS

Un certain nombre d'idées reçues entravent notre perception du réel et paralysent nos capacités d'action. Parmi celles-ci :

- Celle de la « main invisible[106] » : l'économie se porterait d'autant mieux qu'on ne s'en mêlerait pas ; l'intérêt général étant défini comme le résultat de la poursuite par chacun de son intérêt particulier, toute délibération collective s'en trouve niée.
- Celle de la « percolation » spontanée des richesses à travers la société.
- Celle de la consommation matérielle continue comme idéal sociétal.
- Celle de la spécialisation des territoires[107] – alors qu'il s'agit de réduire les dépendances.
- Celle de la recherche du meilleur marché – sans prendre en compte la vérité des coûts, qui obligerait à intégrer les coûts écologiques et sociaux.
- Celle que seule la demande solvable compterait, peu importe l'utilité objective des biens et services.
- Celle de l'innovation à tout prix et de la compétition permanente.
- Celle d'ignorer les limites des systèmes naturels à fournir des ressources et à absorber nos rejets.

Beaucoup de ces idées imprègnent encore les enseignements dispensés dans les écoles de gestion et les parcours de formation des cadres et dirigeants de tout niveau.

Pour les uns, le « toujours plus » n'a plus de raison d'être : *« Même si les habitants des pays matériellement riches achètent beaucoup plus de choses qu'il y a cinquante ans, les sondages montrent qu'ils sont moins heureux. La dépression atteint des proportions épidémiques[108]. »* D'autres, pressurés par les coûts du quotidien – la santé, le logement, les déplacements imposés et une baisse de leurs revenus –, n'arrivent plus à payer leurs factures.

Force est de constater que la « croissance » ne « percole » plus à travers les strates sociales et les territoires ; la garantie du plein emploi et l'ascenseur social, qui pouvaient un temps la légitimer, ne sont plus là. Déclin de régions entières, montée des inégalités, quartiers laissés à eux-mêmes, fermetures d'entreprises et pertes de savoir-faire, chômage endémique, réduction de l'espérance de vie, augmentation des sans-abris en témoignent à travers le monde industrialisé.

S'y ajoutent les exigences de bien **des investisseurs financiers visant des rendements abusifs qui pénalisent l'économie réelle au profit d'une classe hors sol de super-riches**[109]. Vieille critique faite au capitalisme, mais qui n'en reste pas moins profondément vraie.

Entre 2017 et 2020, la fortune cumulée des milliardaires dans le monde a passé de 4 000 milliards de dollars en 2010 et 8 900 milliards en 2017 à 10 200 milliards en 2020, soit environ 15 % de la contrevaleur du PIB mondial ! Quant à leur nombre, ils sont désormais 2 189, soit 31 de plus qu'en 2017[110]. La crise du Covid n'a pas freiné la concentration des richesses : durant l'année 2020, la fortune de ces milliardaires s'est encore accrue de 28 %.

Et le Sud de s'engouffrer dans cette même voie. Or, dans les années 1930 déjà, un des rares leaders à avoir rejeté avec l'emprise coloniale ses logiques techniques et économiques, le Mahatma Gandhi, avertissait : « *Il faut mettre un terme à cette course délirante qui conduit à vouloir toujours plus d'argent*[111]. » Un demi-siècle plus tard, Joseph Ki-Zerbo, intellectuel et homme politique burkinabé, constatait : « *Malheureusement, les Africains sont (...) tournés vers la Terre promise de la Modernité, qu'ils interprètent en termes d'avoir et non d'être*[112]. »

Durant quelques décennies, la question sociale semblait devenue géographique, figurant un Nord prospère face aux masses démunies du Sud. Aujourd'hui, le monde se retrouve autour d'inégalités croissantes, avec un Sud connaissant davantage de richesse (matérielle) et un Nord confronté au retour de la pauvreté. **Point commun aux diverses parties du monde : le concept économique dominant ne répond plus aux exigences des temps.**

LA DURABILITÉ, UN CONCEPT SALUTAIRE...

Un nouveau modèle fondé sur l'inclusion sociale, une hiérarchie des besoins et une saine gestion des ressources naturelles est indispensable. Restait à trouver la formule qui fasse le lien entre réduction des inégalités et préservation des fonctionnalités des systèmes naturels, entre urgence sociale et urgence environnementale. L'avoir proposée est le mérite de la Commission des Nations unies sur l'environnement et le développement, dite « Commission Brundtland », du nom de sa présidente[113], à travers la notion de « développement durable ».

Soit *« un développement qui répond aux besoins du présent sans compromettre la capacité des générations futures de répondre aux leurs[114] »*. Soulignant que, **pour la définition des besoins, on partira des besoins essentiels des plus démunis** *« à qui il convient d'accorder la plus grande priorité[115] »*. La durabilité rejoint ici l'« option préférentielle pour les pauvres » affirmée notamment par la doctrine sociale de l'Église catholique[116].

Un bon diagnostic posé à la bonne échelle ! Postulant une solidarité dans l'espace et le temps, cette notion affirme **le même droit de tous les humains, d'aujourd'hui et de demain, au Nord comme au Sud, aux ressources de la Terre**. Apparu au moment où, après la chute tant attendue du Mur, étaient proclamés de manière péremptoire la « fin de l'histoire » et le triomphe de l'« autorégulation » de l'économie, de l'enrichissement de quelques-uns et de la pacotille pour tous (illustré par l'expression fétiche de Margaret Thatcher[117] « *There is no alternative* »), **le développement durable tranche radicalement avec l'accumulation matérielle comme finalité d'une société**.

Il établit un objectif partagé dans lequel chacun est invité à s'insérer, donne une direction à nos efforts. Il vise à **inscrire nos activités dans des modalités qui permettent à l'humanité de perdurer sur cette Terre dans des conditions convenables**. Comme le modèle dominant ne garantit de lui-même ni une répartition équitable des ressources, ni leur préservation, il faut lui fixer un cadre pour qu'il le fasse.

En réalité, **la perception n'a guère évolué depuis la révolution industrielle et la colonisation**, où la Terre pouvait apparaître comme une immensité à conquérir, aux « frontières écologiques » bien lointaines. Aujourd'hui encore, les conditions de renouvellement du capital naturel**, les capacités de la nature à produire des ressources et à digérer nos rejets demeurent les grands oubliés de l'économie** – péché originel d'**une activité qui se coupe ainsi de ce qui la rend possible. Car l'économie n'est pas la productrice première des biens qu'elle propose : elle extrait, transforme, commercialise des matières résultant du travail de la nature.**

UN POINT DE BASCULE FRANCHI

En 2020 l'humanité a franchi une nouvelle limite : le poids des objets fabriqués (y compris les bâtiments et les infrastructures) dépasse désormais le poids de tout le vivant sur Terre, qui lui a diminué de moitié en deux cents ans. Ces objets sont de plus souvent non biodégradables et nocifs pour la biodiversité.

Les questions écologiques ne sont ni secondaires ni un luxe, mais la base de toute stabilité économique et sociale ; dès lors, la protection de l'environnement n'est pas une charge, mais un investissement ! D'ailleurs le terme même d'environnement comporte une grave erreur de perspective : ce n'est pas ce qui nous environne, perçu quasiment comme un décor, la cerise sur le gâteau, c'est le socle incontournable et irremplaçable qui permet à l'économie (et à toute la société) d'exister.

Ainsi ce n'est pas une fois la prospérité acquise qu'on peut se « payer » les dimensions écologiques et sociales ; ce sont ces dernières qui constituent les vrais enjeux de l'économie, sa base et son but.

Le développement durable prend appui sur le Pacte des Nations unies relatif aux droits économiques, sociaux et culturels. Entré en force en 1976[118], il cite notamment les droits à un revenu décent, à l'éducation, à un logement, aux soins, auxquels s'est ajouté plus tard celui à l'eau, reconnu en 2000[119].

DURABILITÉ ET DÉCROISSANCE, LE GRAND MALENTENDU ?

Le développement durable se trouve critiqué de deux côtés. D'une part, par les tenants de l'autorégulation des marchés estimant que seul est légitime ce qui résulte de leur fonctionnement, oubliant que ces derniers sont souvent faussés. Et de l'autre, par un courant critique qui prône « la » décroissance, terme symétrique à celui de la croissance, soit un « *agrégat conventionnel dont le contenu peut être modifié*[120] ». Car la question n'est pas la « croissance » mais ce qu'elle comprend[121]. Ainsi que le postule la commission Brundtland dans son rapport, « *il faut en effet modifier le contenu même de cette croissance, faire en sorte qu'elle engloutisse moins de matières premières et d'énergie et que ses fruits soient répartis plus équitablement* » (p. 61 du rapport).

Ce qui est indispensable par contre est une forte décroissance de notre empreinte écologique.

Pour ce faire, la part des énergies renouvelables doit massivement croître, comme celle de l'agroécologie, des coopératives de logement, des transports publics, de l'autoconsommation – pour que puisse décroître l'emprise de l'automobile, de l'aviation, de l'agrobusiness, du pétrole, du plastique et de la finance spéculative. Il s'agit d'une vraie révision de nos choix de consommation, alimentaires, de déplacement, d'usage du territoire. C'est à la fois, dans certains domaines, un travail d'optimisation (par exemple dans le bâtiment), pour d'autres, une reconversion des activités elles-mêmes. En 1972 déjà, l'artiste animalier et philosophe genevois Robert Hainard écrivait dans *Expansion et nature* (Paris, Le Courrier du livre, p. 22) « *Il faut donc avant tout inventer un système économique assurant la prospérité des individus sans expansion du système. Un monde où le charpentier aura comme fonction et satisfaction que chacun ait un toit et non de fabriquer des toits à tout prix, quitte à mettre le feu à ceux qui existent* ».

On a trop présenté, pour l'édulcorer, le développement durable comme la simple intersection entre l'économique, l'environnemental et le social, admettant, au nom d'une « durabilité faible »[122], une substitution partielle du capital naturel par du capital financier. La durabilité devant précisément prendre en compte les limites naturelles, c'est donc là un contre-sens.

Comme le constatait la commission Brundtland dans son rapport, il n'y a pas ***« une crise de l'environnement, une autre du développement, une autre énergétique. Non, de crise il n'y en a qu'une »*** **(p. 5). Aucun des textes internationaux validés ne permet d'accréditer cette interprétation réductrice ; l'exigence de changements** ***« fondamentaux[123] »*** **dans nos modes de production et de consommation y est constamment rappelée.**

Offrant **un garde-fou à une mondialisation débridée**, visant à reprendre la main sur une évolution qui dérape, le développement durable se réfère aussi à la dizaine de conventions de l'OIT constituant les éléments d'un standard social mondial. Elles comportent l'interdiction du travail forcé et du travail des enfants, des discriminations à tous les niveaux et de la coercition physique, ainsi que la garantie d'un salaire et d'un horaire de travail décents, et du droit à la négociation collective[124].

Suite au rapport Brundtland, de multiples rencontres internationales et locales ont eu lieu, dans le sillage du Sommet de la Terre de 1992, un des plus vastes rassemblements que l'ONU ait organisé. Il adopta notamment l'Agenda 21 (programme pour le XXIe siècle[125]) et 27 principes dits « de Rio » dont ceux de précaution et des *« responsabilités communes mais différenciées »* des États[126].

Puis, mais en réalité dès les années 1980, voire avant, tout un ensemble d'accords (couche d'ozone, droit de la mer, contrôle des mouvements transfrontières de déchets dangereux, climat, biodiversité, désertification, etc.) et d'engagements internationaux ont été négociés, dont le plus emblématique reste l'Accord de Paris de décembre 2015 sur le climat.

Tous ces contenus se retrouvent aujourd'hui résumés et repris dans les 17 objectifs de développement durable (ODD) – avec leurs 169 cibles et 232 indicateurs – adoptés en septembre 2015 par les Nations unies dans l'Agenda 2030[127]. **C'est là un nouvel élan donné à la notion de durabilité, dont ils constituent une actualisation et une concrétisation bienvenues en vue d'orienter les capacités technologiques et les flux financiers dans la bonne direction[128].**

Présentés comme « intégrés et indissociables[129] », **leurs énoncés sont à comprendre comme en interaction et complémentaires** ; les 169 cibles sont autant de fruits d'un même arbre, celui de la durabilité. Leur financement nécessite d'y consacrer chaque année 7 à 10 % du PIB mondial, appelant à **une réorientation des investissements privés et publics**. Y parvenir est à la fois leur grand intérêt et le grand défi. **La crise du Covid n'a fait que souligner la pertinence de cette liste de priorités.**

ALLER VERS LA DURABILITÉ, C'EST INDIVIDUELLEMENT ET COLLECTIVEMENT

- Diviser notre empreinte écologique (consommation de ressources naturelles, énergie, matières, biodiversité) par un facteur 3 dans les pays industrialisés.
- Réduire d'un même ordre de grandeur les émissions de gaz carbonique d'ici 2030.
- Généraliser l'économie circulaire et remplacer l'obsolescence par l'optimisation des durées de vie.
- Interdire tout objet qui ne peut pas être recyclé, réparé ou réutilisé, notamment les plastiques.
- Promouvoir la santé de la population par une alimentation saine (moins de viande transformée industrielle, par exemple), un habitat et des activités (professionnelles et de loisirs) sains.
- Réexaminer les produits chimiques en circulation et retirer ceux dont l'innocuité n'est pas établie.
- Partager nos espaces avec les espèces, replanter massivement des arbres et protéger les sols, agir contre la surpêche.
- Garantir un revenu minimum soit par l'emploi, soit par une allocation liée à une activité d'utilité publique ; définir des rémunérations minimum et maximum.
- Mieux rémunérer les métiers de base nécessaires à la vie de la société.
- Développer les échanges non monétarisés.
- Promouvoir une relocalisation solidaire, revaloriser le savoir-faire local, assurer l'emploi local.
- Rechercher l'autonomie (non pas l'autarcie), notamment en matière énergétique et agroalimentaire ; retrouver le lien avec une production agricole de proximité, si possible biologique, et un élevage de proximité (par exemple le lait équitable).
- Viser la robustesse et la résilience des chaînes d'approvisionnement et réduire les dépendances de facteurs extérieurs, sachant que, selon Pierre Rabhi[130], ces *« autonomies territoriales n'excluent évidemment pas l'échange au plan national ou international, qui doit concerner des biens dont l'absence nécessite ces échanges »*.

...

...

- Prendre comme standards les biens et services de bonne qualité écologique et sociale.
- Promouvoir l'agroécologie comme seule possibilité de nourrir la planète sans détruire les sols.
- Assainir énergétiquement le parc immobilier.
- Généraliser les bâtiments positifs.
- Réduire le chauffage de nos logements (chaque degré Celsius supplémentaire signifie 7 % d'énergie en plus).
- Réduire notre consommation informatique (le double en énergie et en empreinte carbone de l'aviation).
- Promouvoir les énergies renouvelables : éolien, solaire, déchets de biomasse, géothermie.
- Fermer les centrales électriques au charbon et nucléaires.
- Réorganiser la mobilité et limiter les besoins de déplacement ; interdire les véhicules surmotorisés ; fixer des quotas en fonction des besoins et de considérations d'équité pour l'aviation, la voiture, les poids lourds ; prioriser le rail.
- Mener des actions de coopération au développement durable avec des partenaires locaux dans les pays du Sud.
- Empêcher l'évasion fiscale vers les « paradis » fiscaux et plafonner les rendements financiers abusifs.
- Orienter les flux financiers vers l'économie réelle et la durabilité.

La crise du Covid nous a enseigné un certain nombre de choses. Tout d'abord que les gouvernants sont capables, devant un danger ressenti comme imminent et inacceptable, de prendre des mesures fortes sans craindre les divers lobbys usuellement choyés, tout en prenant en compte les dommages économiques et sociaux de leurs mesures. Ensuite, que nous devons réduire les fragilités de notre organisation économique et sociale. Enfin, que nous avons à accroître la cohésion sociale et à réduire les inégalités.

Ces conclusions vont dans la même direction que ce que la durabilité demande, et il est indispensable que les plans de soutien aux entreprises et de relance de l'économie aillent dans ce sens.

LEVER LES OBSTACLES

La bonne nouvelle est que depuis quelques années, même décennies parfois, existent dans pratiquement tous les secteurs d'activité des offres de biens et de services de bonne qualité environnementale et sociale. Autrement dit, correspondant aux standards de la durabilité.

Outre les pionniers que sont les coopératives de logement, les mutuelles d'épargne ou d'assurance, les producteurs du bio, de la permaculture, de l'agroécologie ou du commerce équitable, on progresse bien dans les secteurs du bâtiment, de la finance, de la mobilité ou encore du tourisme durables.

Mais on constate aussi, et c'est la mauvaise nouvelle, que ces offres, pour lesquelles producteurs et opérateurs prennent des risques, embauchent, s'endettent et s'impliquent sans relâche, ne parviennent pas encore à dépasser un « plafond de verre » de 10 à 20 % de parts de marché.

DURABILITÉ : DES EMPLOIS PÉRENNES, UTILES ET NON DÉLOCALISABLES

- L'OIT, dans sa publication de 2018, *Une économie verte créatrice d'emplois*, estime qu'une économie plus respectueuse de l'environnement permettra de créer 24 millions d'emplois[131].

- L'Agence internationale pour les énergies renouvelables (IRENA) indique qu'aux États-Unis, on comptait (chiffres 2019) huit fois plus d'emplois dans les énergies renouvelables que dans le charbon (850 000 par rapport à 100 000).
- En septembre 2019, l'ONU annonçait que 380 millions de nouveaux emplois pourront être créés d'ici 2030 par l'application de l'Agenda 2030 et de ses 17 objectifs de développement durable.
- En juillet 2020, le World Economic Forum indiquait que d'ici 2030 395 millions d'emplois seraient créés si les entreprises donnent la priorité à la nature.
- En France, le volet écologique (30 milliards d'euros répartis sur l'assainissement énergétique du parc immobilier, la relance du ferroviaire et les technologies vertes) du plan de relance créera selon le gouvernement 200 000 emplois pérennes et non délocalisables.
- D'ici 2030 le plan pour l'économie circulaire de l'UE doit créer 700 000 emplois.

Et surtout : ces emplois, ce sont autant de personnes qui gagnent leur vie non à fragiliser les bases naturelles de nos existences, mais à les assurer. Les intérêts des populations modestes sont bien mieux sauvegardés de cette façon, que si on leur fait miroiter la pérennité de certaines activités très polluantes condamnées à brève échéance, comme les énergies fossiles.

L'emploi est le thème fédérateur, la porte par où passera la durabilité. Il permet l'indispensable conciliation des fins de mois des individus et des entreprises, et des fins de mois de la planète. Plus largement, sans équité sociale, qui en est d'ailleurs un des piliers, sans une société inclusive qui permette à chaque personne de trouver son rôle et d'apporter sa contribution, la durabilité sera grandement à la peine ; **la question sociale est la clé de la question écologique**.

L'Accord de Paris parle de transition juste et d'emplois de qualité et le thème d'un New Deal vert gagne en importance ! **L'essentiel est de montrer comment passer de l'état existant à celui nécessaire**, en invitant chaque personne à y trouver sa place.

Engager la transition vers la durabilité n'est pas un problème de technique ni économique en soi. Fournir des énergies renouvelables plutôt que du fissile et du fossile ; généraliser les économies d'énergie et les bâtiments positifs, le commerce équitable, l'agro-écologie et la culture biologique, la chimie propre, une mobilité durable ; remplacer la recherche de l'obsolescence par la mise en valeur de la durée de vie et la réparabilité, sont autant de sources de rentabilité (raisonnable) que les modèles fonctionnant sur le court terme et la fragilisation écologique et sociale. L'ensemble de ces réorientations mettraient aussi l'économie sur des bases plus saines, plus stables.

La vraie question est que le monde politique ne se résout pas de faire des bonnes pratiques volontaires, dont la faisabilité est pourtant prouvée, la loi pour tous et laisse le poids de la transition peser sur les seules épaules de la minorité de producteurs et de consommateurs prête à faire un effort particulier – et parfois très conséquent. Alors que la durabilité est depuis le début une question collective (certes incarnée et animée par des individus), dont l'effet se mesure sur un territoire et qui appelle un cadre régulatoire collectif.

Les raisons de cet écart de moins en moins supportable entre discours et actes, analyses et réalisations, de « cette cécité face au futur[132] » sont multiples :

- **la posture de non-intervention de l'État**, limitant la durabilité aux engagements volontaires ;
- **les** nombreuses **rentes de situation, le lobbyisme qui en résulte et la faiblesse des décideurs politiques** ;
- **une économie habituée à ne pas se sentir responsable de ses effets écologiques et sociaux ;**
- la **méconnaissance**, soutenue par une **artificialisation croissante de notre quotidien**, du fonctionnement **des cycles naturels** et donc des dangers inhérents à leur fragilisation ;
- **l'attachement à un mode de vie consumériste et presse-bouton**[133].

Alors que pour d'aucuns « ce qui est fait au monde est fait à moi », d'autres peinent à faire les liens entre leur vie personnelle et la destinée collective ou ne s'y intéressent pas : *« (...) les problèmes du monde sont considérés comme lointains et sans rapport avec les drames de nos vies personnelles (...). Les problèmes des autres peuples, autres nations, et autres espèces ne nous concernent pas*[134]. » Pour Edgar Morin, *« notre mode de connaissance parcellarisé produit des ignorances globales*[135] ». **La manière dont on voit le monde décide de la manière dont on y agit... et les dérèglements du monde ne sont que le reflet de nos propres dérèglements.**

Même si *« la préservation de nos ressources naturelles et du climat est une question de vie ou de mort (...) notre conscience de ce qui nous attend ne semble avoir aucun effet sur le cours des événements*[136] ». **Pour beaucoup, le sentiment du lien avec la nature s'estompe et nous oublions d'où vient l'eau, la nourriture, l'air, la fertilité naturelle du sol ; on détruit la planète aussi parce qu'on ne sait pas comment elle fonctionne**, qu'on s'en sent détaché[137].

Pierre Rabhi confie être *« souvent stupéfait par l'ignorance du citoyen à l'égard de la terre à laquelle il doit sa survie alimentaire*[138] ». S'y ajoute la *« pensée à l'extrême court terme (…), phénomène assez récent (…), liée à une accélération de notre expérience du temps*[139] », et on retrouve aussi cette confiance excessive en les possibilités réparatrices de la science et de la technique déjà signalée. Relevons aussi que ni le changement climatique, ni la perte de biodiversité n'ont – pour l'instant – d'effets insupportables sur le quotidien de la plupart des habitants du monde industrialisé.

Enfin, les soucis du quotidien peuvent devenir écrasants et prendre toute l'attention disponible : santé, logement, famille, revenu, emploi, situation sociale, et on peut estimer que le reste n'est pas de sa responsabilité, mais de celle des décideurs. Ce qui peut être un réflexe juste – mais **que faire quand les décideurs ne font pas leur travail ?**

L'EFFONDREMENT, FRAYEUR OU LIBÉRATION ?

Expression des angoisses de notre temps, le thème de l'effondrement prend de l'ampleur. Les effondrements de civilisations passées (celui de l'Empire romain est souvent cité en exemple, ou aussi de la civilisation crétoise ou encore celle des Mayas) se sont généralement produits sur un temps court, à travers l'implosion des moyens d'échange, d'administration et de communication

…

...

centralisés. Chaque communauté locale se retrouve alors obligée d'assurer sa propre subsistance, et souvent s'y associent des affrontements et des migrations humaines.

Pour notre époque très dépendante de fournisseurs extérieurs, une rupture brutale de l'approvisionnement énergétique, alimentaire et en autres ressources sera très difficile à gérer. Si l'effondrement des relations commerciales et des canaux de communication se double d'un effondrement des structures administratives, le drame est programmé. Aussi le renforcement des capacités de production locale[140], dont le Covid a mis en évidence la nécessité, doit-il être intensifié.

Au fond de tout cela se trouve notre « programmation mentale » héritée de la nuit des temps. Elle continue à nous suggérer que la nature est infinie, qu'il n'y a qu'à se servir, comme si nous étions encore en besoin d'accumulation matérielle.

« L'être humain est devenu un danger mortel pour lui-même. Son programme neuronal profond continue aveuglément de poursuivre des buts qui ont été payants pendant une grande partie de son évolution, mais qui ne sont plus du tout adaptés à l'époque où il s'est projeté[141]. »

Durant des centaines de milliers d'années, l'humanité était régulée, et fort brutalement, par la nature ; désormais, elle doit se réguler elle-même, tirer les conséquences de sa propre « réussite ».

UN INDICATEUR DE JUSTICE GLOBALE : L'EMPREINTE ÉCOLOGIQUE

Une formule qui résume les choses ? L'empreinte écologique[142], notion développée voici bientôt trente ans par un Bâlois établi en Californie, Mathis Wackernagel[143]. « *L'empreinte écologique mesure la consommation de ressources naturelles et de prestations de la nature et l'exprime en unité de surface ("hectares globaux") qui serait nécessaire à la production de ces ressources et prestations. L'empreinte écologique montre quelle surface écologiquement productive est requise pour qu'une région, un pays ou l'humanité tout entière puisse couvrir ses besoins et neutraliser ses déchets* », explique l'Office suisse de la statistique (OFS[144]).

De nombreux territoires utilisent – parfois depuis longtemps, comme la Suisse – des ressources provenant d'ailleurs, ce qui ne posait pas de problèmes à cet égard, tant que les surfaces excédentaires étaient en nombre suffisant.

Ce qui n'est plus le cas et aujourd'hui, pointe l'OFS, « *ce mode de vie est uniquement possible grâce à l'importation de ressources naturelles ainsi qu'en exploitant des biens communs globaux (comme l'atmosphère). Nous vivons donc aux dépens des générations futures et d'autres régions du globe* ». Quant à l'ampleur des efforts à accomplir, l'Office rappelle que l'empreinte écologique de la Suisse « *est 2,8 fois plus grande que les prestations et ressources environnementales globales disponibles par personne*[145] ».

Dans le débat sur la croissance ou sa symétrique, la décroissance, on se fie encore trop aux flux financiers qui ne disent pas grand-chose quant à leur portée environnementale et sociale ; **ce qui est essentiel n'est pas le mouvement du PIB, mais les capacités des systèmes naturels à nous fournir en ressources et à digérer nos rejets.** C'est leur fragilisation qui doit impérativement décroître. **Seule la mesure** des stocks et des flux physiques, chimiques et biologiques **sur un territoire permet de savoir si la pression sur les ressources naturelles a diminué** ou si au contraire l'« effet de rebond » a absorbé les résultats obtenus.

DÉPASSER LE PIB

Parfait **reflet de la vision exclusivement quantitative et financière des choses, le produit intérieur brut**, PIB, additionne tous les mouvements financiers, qu'ils résultent d'une invention bénéfique ou d'un accident. **Il ignore superbement ce qui ne relève pas du circuit monétaire** : le travail bénévole dans la famille, le quartier ou le monde associatif ; le lien social ; les productions et échanges non marchands ; les services écosystémiques fournis par la nature à la société humaine. En matière de santé, il mesure les coûts du système sanitaire mais pas le résultat attendu : l'état sanitaire des populations.

Se limitant aux mouvements de l'année, **il néglige les stocks tout comme la répartition des biens**, si bien qu'« *un PIB en pleine forme peut être l'indice d'une accélération du processus destructeur*[146] ».

Lancé par le Programme des Nations unies pour le développement (PNUD[147]) dans les années 1990, inspiré par les travaux sur les capabilités[148] du Prix Nobel d'économie Amartya Sen, l'indice de développement humain, IDH, a apporté un premier correctif en **pondérant le PIB par le taux d'alphabétisation et l'espérance de vie**[149].

D'autres indices ont été proposés, comme un indicateur de progrès véritable qui ajoute au PIB les activités non monétaires et en retranche les dommages sociaux et environnementaux[150] ; ou, en France, un indice de santé sociale, ISS[151], couvrant 16 paramètres et géré par l'Institut national de la statistique et des études économiques, INSEE. La France dispose par ailleurs depuis avril 2015 d'une loi sur les nouveaux indicateurs de richesse, qui demande un rapport de situation annuel[152]. Le Bhoutan documente depuis des années un indice du **bonheur national brut** à travers 9 dimensions et 33 indicateurs[153].

Un territoire durable est un territoire qui augmente sa cohésion sociale, diminue son empreinte écologique et consolide son tissu économique. Sur cette base, l'OFS explique qu'*« afin de donner une vision plus complète des performances de la Suisse dans les domaines sociétaux, environnementaux et économiques, un système d'indicateurs a été mis sur pied*[154] » sous forme de 44 indicateurs complémentaires au PIB[155].

On constate toutefois qu'aucun de ces outils de mesure n'a pu détrôner ce dernier. Une des raisons est le nombre important de critères en jeu, alors que sa grande force est son unicité. Seul un indicateur lui aussi unique, alliant l'empreinte écologique et l'empreinte sociale, permettra de dépasser le PIB. La proposition de l'anthropologue britannique Jason Hickel de retenir l'IDH et de lui ajouter les émissions de CO_2 et l'empreinte matérielle moyenne par **personne pourrait apporter la bonne réponse.**

VERS UN NOUVEAU PARADIGME ÉCONOMIQUE

L'économiste René Passet l'avait énoncé en 1979: *« la reproduction du capital n'assure pas celle de la biosphère »; « l'économie doit donc retrouver la logique du milieu naturel – physique aussi bien que vivant*[156] ». Dans le même sens, le Programme des Nations unies pour l'environnement (PNUE) postule *« une économie qui entraîne une amélioration du bien-être humain et de l'équité sociale tout en réduisant de manière significative les risques environnementaux et la pénurie de ressources*[157]. »

D'ailleurs, **la nature fonctionne bien comme une économie: elle travaille, et son travail accumule du capital, le capital-nature**. Parmi les prestations qu'elle nous offre – et qu'on appelle les **services écosystémiques** – nous trouvons les ressources directement prélevables: eau, air, poisson, gibier, végétaux à usage médicinal, domestique ou industriel (bois), matières premières (matériaux rocheux, sources d'énergie, etc.).

Mais aussi la filtration de la pollution par les zones humides et les forêts, le captage de gaz carbonique par la végétation terrestre et marine (« puits de carbone »), la régulation des eaux par le sol, la prévention de l'érosion par le couvert végétal, la fertilité des sols, des fonctions récréatives et touristiques.

De même qu'on donne une valeur au capital financier et au capital humain, il convient **d'estimer à sa juste valeur l'apport du capital et du travail naturels aux activités humaines**. Pour toutes ces prestations, nous comptabilisons actuellement les coûts d'extraction, de transformation, de transport et de commercialisation – mais pas leur valeur intrinsèque, soit leur coût de remplacement.

Depuis une quinzaine d'années, en particulier sous l'égide du PNUE[158], l'on cherche à **calculer ce que coûterait de devoir assurer de mains d'homme ce que la nature nous offre gratuitement**. Sur le plan mondial, la contribution de la pollinisation a été estimée en 2019 à 577 milliards de dollars[159] ; l'apport des abeilles mellifères et sauvages pour l'agriculture suisse a été chiffré par le centre de compétence de la Confédération pour la recherche agronomique Agroscope en 2017 à 350 millions de francs suisses par an[160]. **Ces valeurs doivent désormais être inscrites dans les comptes des entreprises comme des États.**

« Notre économie industrielle repose sur la pratique de l'externalisation des coûts. Cela rend les biens et services moins chers pour nous qui vivons maintenant, mais nous léguons ainsi notre dette, que les futures générations devront payer[161]. » Ce décalage fait que **la compétition au nom de prétendus avantages comparatifs est largement devenue concurrence inégale et déloyale et que l'économie reçoit ici des incitatifs allant à l'encontre du bien public.**

LE BON MARCHÉ EST SOUVENT CHER PAYÉ… PAR D'AUTRES !

De nombreux coûts sociaux et écologiques ne sont pas intégrés dans les prix, mais reportés sur autrui, faussant les transactions à tous les niveaux.
Citons ici les coûts du changement climatique et des pollutions (eaux, sols, air) dus aux énergies fossiles, des risques de la filière nucléaire, du gaspillage de ressources, des atteintes à la santé au niveau de la production ou de la consommation, parmi d'autres. Le Fonds monétaire international[162] évaluait en 2015 à 6,5 % du PIB mondial, soit à près de 5300 milliards de dollars, les externalités négatives de l'énergie.

Les externalités positives qui ne trouvent pas à se financer sur le marché doivent faire l'objet d'un correctif sous forme de subventions, et les externalités négatives sous forme de taxes (avec les modulations sociales correspondantes), selon le principe du pollueur-payeur[163].

En Suisse, la réglementation des fonds de démantèlement des centrales nucléaires et de gestion des déchets radioactifs va dans ce sens. Sans les taxes anticipées de recyclage prélevées à l'achat d'une voiture ou d'un frigo, vu le différentiel désincitatif de prix entre matières recyclées et neuves, l'économie du recyclage[164] aurait beaucoup de peine à exister.

De leur côté, si les administrateurs de sociétés sont légalement tenus d'en maximiser la valeur financière, cette valeur devrait désormais être en phase avec une rentabilité écologique et sociale. **Il ne doit plus être possible de gagner sa rentabilité en détruisant de la valeur écologique, humaine et sociale**. C'est à travers la totalisation de toutes les richesses créées – ou préservées –, financières, environnementales et sociales que l'on pourra aller vers une économie durable.

Plus généralement, la mesure du succès d'une entreprise ne doit plus se limiter au retour sur l'investissement des détenteurs de capital (*shareholders*), mais inclure les intérêts de la communauté (*stakeholders*[165]), les salariés, les consommateurs, les lieux d'implantation, l'environnement, les collectivités publiques.

Cette approche doit ainsi permettre d'en finir avec les concentrations et délocalisations effectuées au nom des économies d'échelle et d'une maximisation des rendements financiers, qui se paient très cher du point de vue de l'emploi et des territoires. Elle doit également entrer dans les législations sur les fusions et les positions dominantes, comme dans les plus de 3 000 accords d'investissement existant dans le monde[166].

Un élément très positif est l'essor de la finance durable. C'est bien l'orientation des investissements qui est le facteur clé de la transition vers une économie durable. On peut distinguer trois modes d'action :

- L'exclusion de certaines activités comme le nucléaire, les armes, le travail des enfants, le fossile.
- L'application aux portefeuilles d'investissements de critères d'évaluation, réunis sous le sigle ESG (environnement, social, gouvernance) ; malheureusement il existe aujourd'hui presque autant de grilles de critères que de fonds, même si un travail d'harmonisation est en cours.
- Enfin la finance d'impact, soit des fonds investissant dans des activités environnementalement et socialement positives.

Cette dernière modalité est très prometteuse et connaît un bel essor au service d'une économie régénérative[167].

Point commun aux trois orientations : les performances financières sont stables et bonnes (mais pas abusives), et les entreprises concernées plutôt résilientes aux difficultés, car orientées sur la substance, la qualité et le moyen-long terme.

L'ÉCONOMIE CIRCULAIRE : RÉPARER PLUTÔT QUE JETER

Dans la nature, tout est cycle : cycle de l'eau, du carbone, de l'azote… Si des millions de micro-organismes ne transformaient pas les feuilles mortes de l'automne en humus pour le printemps, cela ferait longtemps que la vie aurait péri asphyxiée sous ses déchets. Ces cycles sont aujourd'hui fortement perturbés. Quant aux ressources non renouvelables, elles se forment à l'échelle géologique ; **notre seule possibilité est de passer de la linéarité (« j'extrais, je produis, je consomme, je jette ») aux boucles de réemploi**.

Le recyclage – aujourd'hui bien installé dans nos mœurs – en est la première étape. S'il n'a pas mis fin à la société du prêt-à-jeter, il a permis de plafonner les tonnages amenés à incinération. En effet, si en Suisse la quantité globale des déchets a doublé en quarante ans, une moitié en est recyclée dans diverses filières et l'autre incinérée, généralement avec récupération de la chaleur.

Avec un taux de 50 %, le potentiel est loin d'être épuisé ; toutefois, à chaque remise dans le circuit, une partie de la ressource est perdue, d'autant plus quand des matières sont fortement mélangées ou dispersées. Le recyclage a également un coût énergétique.

L'économie circulaire[168] vise à agir en amont. Elle souligne qu'un déchet est une ressource au mauvais endroit et s'inscrit dans une hiérarchie des besoins. Mettant au premier plan la prévention, elle veut passer de l'obsolescence à l'entretien, au réemploi et à la réparabilité.

Pouvoir réparer des objets est une forme de qualité de vie, avec de nombreux emplois locaux à la clé. **Il ne s'agit pas seulement de davantage réparer, mais de moins acheter de neuf; pas seulement de davantage recycler, mais d'extraire moins de matières premières non renouvelables à échelle humaine.** L'économie de la fonctionnalité valorise l'utilité fournie par l'objet et sa durée de vie. L'objectif « zéro déchet » se propage et Béa Johnson, Française installée en Californie[169], le promeut activement.

ET SI LA PRINCIPALE VALEUR ÉCONOMIQUE ÉTAIT LA FERTILITÉ DU SOL ?

L'option pour les valeurs fiduciaires comme fondement de l'économie n'est pas la seule possible. Au XVIIIe siècle, les économistes n'étaient pas tous alignés sur la foi en la monnaie comme fondement et expression de la richesse. L'école des physiocrates avait ainsi **privilégié le sol et sa productivité naturelle comme signature de la vraie prospérité**.

Aujourd'hui, devant les résultats de deux siècles de focalisation sur les valeurs monétaires, on ne peut pas dire qu'ils avaient tout faux ! Pour les physiocrates, la seule activité réellement productive est l'agriculture : chaque graine semée donne naissance à de très nombreuses autres… soulignant que par essence la terre cultivée ou pâturée génère un surplus, issu de l'interaction du travail de la nature et de celui des hommes, et disponible pour ces derniers.

Certes, les mêmes ont aussi défendu le laisser-passer des marchandises et le laisser-faire des personnes, dynamiques qui auront vite fait de déstabiliser la paysannerie mise en avant. Mais devant une économie devenue hors sol, pourquoi ne pas reprendre cette discussion et **se demander si une des principales références économiques ne devrait pas être la fertilité naturelle de la terre** ?

Terre, cet « *organisme vivant à part entière et non un substrat neutre destiné à recevoir des engrais de synthèse*[170] », maltraité, bétonné, privé de son couvert végétal, surpâturé, livré à l'érosion, surexploité…

Le plastique, le pétrole, le dollar, le bitcoin… ont un point commun : on ne peut pas les manger et quand les repères économiques s'écroulent, l'or ne fait pas vivre, les papiers-valeurs n'en ont plus et les banques ne répondent de rien. Le premier droit de tout être humain n'est-il pas de pouvoir accéder à un bout de terre, car c'est bien **le sol qui reste la base de toute subsistance** ? Alors que la capacité nourricière des territoires est aujourd'hui bien peu considérée dans les comptes nationaux...

UNE MONDIALISATION MAÎTRISÉE : LE COMMERCE ÉQUITABLE

Né dans les années 1950 aux Pays-Bas et en Grande-Bretagne, le commerce équitable[171] compte quelque 12 millions de bénéficiaires (essentiellement des agriculteurs, mais aussi des artisans) dans le Sud, auxquels il assure, individuellement ou à travers des coopératives, un revenu décent et des débouchés pérennisés. Il soutient la transformation locale et diminue fortement le nombre d'intermédiaires.

Constituant une 3e voie entre une mondialisation débridée et un repli protectionniste, ce modèle remplace un revenu aléatoire et volatil obtenu sur les marchés locaux et globaux par **la notion de juste prix. Il sort ainsi les producteurs de l'insécurité permanente qui était la leur.**

Cette pratique concerne un volume de 9,6 milliards de dollars[172] sur un flux global de marchandises de près de 19 670 milliards de dollars[173] dont 10 % relèvent du commerce de produits agricoles, ce qui donne une part de marché de quelque 0,5 %. Encore très peu, mais en progression constante !

Quant au consommateur, il dispose d'une triple garantie : d'origine, sociale, mais aussi environnementale, les labels du commerce équitable incluant de plus en plus les modes de culture agroécologiques. La Suisse est le pays à la plus forte part de marché du commerce équitable, la majorité des bananes par exemple en proviennent.

L'idée du commerce équitable trouve, comme dit plus haut, son écho au Nord à travers les notions de proximité, de traçabilité et de juste prix mises en avant par des organisations de consommateurs et de producteurs (vente directe, promotion de circuits courts). C'est ce que Max Havelaar[174], la fondation qui promeut les filières équitables, appelle le «*domestic fair trade*» ou l'«équitable local».

POUR UNE NOUVELLE DONNE

Il s'agit aujourd'hui de passer d'une économie de la prédation à une économie de la valeur écologique et sociale et de replacer l'économie dans le giron du bien commun. **Mutation qui est du même ordre que le passage, à travers le New Deal, le fordisme et les Trente Glorieuses, du capitalisme de la pénurie à celui de l'abondance.**

Modèle désormais à la fois grippé et pathogène, à remplacer sans délai par un nouveau cycle où les bénéfices financiers (plafonnés) seront le fruit d'activités écologiquement et socialement vertueuses – car ces activités auront trouvé leur public et donc leur rentabilité (raisonnable). Activités pour lesquelles le dynamisme et le talent des entrepreneuses et entrepreneurs qui s'y attellent sera l'atout-clé. Développement durable: la partition est écrite, les ingrédients sont sur la table. Reste à rendre possible ce qui est reconnu nécessaire.

Chapitre 3

POUR UNE GOUVERNANCE EFFICACE, ÉQUITABLE ET CITOYENNE

La durabilité, mais aussi le développement de la concertation multilatérale, l'idéal des droits humains et de la démocratie semblaient, à l'orée du IIIe millénaire, constituer une offre politique attractive, une perspective mobilisatrice, en résonance avec les engagements humani-terres. Las, l'histoire prend d'autres chemins. Face aux dangers, on se replie sur ses certitudes, se nourrit de ses angoisses, retombe dans des haines ancestrales, met la tête dans le sable ; division, méfiance, inquiétude règnent. Ainsi, alors que le monde devrait s'unir pour faire face aux dangers que l'humanité a provoqués, la capacité globale de gouvernance est à la peine.

Si l'angoisse fait réagir l'être humain, son réflexe reste bien plus territorial (défendre son territoire par rapport à des intrus) qu'environnemental (défendre son avenir face à ses propres incohérences). Or, la fragilisation des systèmes naturels (biodiversité, climat, sols, eau potable, etc.) conduit tout droit à la bataille pour l'accès aux ressources : *« confrontés à l'urgence planétaire, nous risquons de nous déchirer en factions qui se battent pour ce qui reste du monde que nous avons épuisé*[175]*. »*

Exactement la dérive qu'on voudrait éviter en cherchant à prévenir le collapse écologique. Sauf que là ce n'est pas le collapse écologique qui conduit à la généralisation de la loi du plus fort, mais la généralisation anticipée et revendiquée de la loi du plus fort qui accélère le collapse écologique.

Que se passe-t-il ? Acquis infiniment précieux, la mise en avant de la démocratie et des libertés publiques, voici deux cents ans, peut être considérée comme le point de départ de la modernité. Cette orientation philosophique d'abord, morale ensuite, juridique enfin, est conçue comme un reflet d'aspirations universelles, communes à toute l'humanité, transversales à toutes les cultures.

C'est ce que les constitutions américaine et française de la fin du XVIIIe siècle avaient consigné. C'est ce que la Charte des Nations unies souligne à travers la Déclaration universelle des droits de l'homme, complétée par les droits économiques, sociaux et culturels.

Au cœur de tout cela : l'affirmation du droit de vote et de la citoyenneté dont il est l'expression (et élargie au fil des décennies à l'essentiel des habitants d'un territoire[176]), la garantie d'avoir des autorités élues et redevables de leur action aux électrices et électeurs ; la garantie, aussi, de la liberté de parole et d'opinion, de presse et de réunion, de croyance et de déplacement. Dans le même esprit, une bonne gouvernance est définie par les règles d'efficience et de transparence de l'administration publique, et l'assurance d'un traitement juste et équitable des situations personnelles.

Mais depuis quelque temps, cet édifice qu'on croyait établi sur des bases solides se trouve attaqué de divers côtés. Des pays dictatoriaux comme l'Iran ou la Chine prétendent que ce sont là des principes occidentaux qui ne s'appliqueraient pas de la même manière à leur cadre culturel, sans toutefois prendre le risque de questionner leurs peuples sur ce sujet. Des mouvements dits «populistes» plaident pour des systèmes autoritaires, allant des démocraties «illibérales» à l'arbitraire le plus brutal. L'acquis de l'Etat de droit se révèle bien fragile et risque de n'avoir été qu'une brève parenthèse de l'histoire humaine, si les besoins fondamentaux des humains ne sont pas satisfaits.

Ces tendances font tache d'huile depuis une dizaine d'années: aux Philippines, un président populiste tue de sa propre main de présumés trafiquants de drogue. En Turquie, un nouveau sultan veut ressusciter l'Empire ottoman – mais sans sa tolérance religieuse et culturelle. En Russie, Poutine poursuit le même dessein et exerce désormais ses méthodes d'élimination de ses opposants au grand jour. Quant à la Chine, elle chercher à remodeler l'ordre mondial à son image.

En Pologne et en Hongrie, des apprentis dictateurs musèlent la presse et la justice. Derniers de la série: le Sri Lanka et la Birmanie, où s'installe un pouvoir de plus en plus arbitraire. L'Italie y a échappé de peu, ainsi que les États-Unis, mais rien n'y est joué sur la durée.

Au Brésil, tel autrefois un empereur romain, le président met le feu à son propre pays. L'Inde est aux mains des descendants des assassins de Gandhi, qui remplacent méthodiquement son héritage d'une nation pluriculturelle et plurireligieuse par un suprémacisme et un sectarisme hindouistes. Au point d'imiter soixante-quinze ans plus tard le modèle honni du Pakistan[177]… Globalement le déclin des libertés et de la démocratie est patent;

l'ONG Freedom House indique que 2019 était la 14e année consécutive de cette tendance[178].

Encore voici un demi-siècle, l'extrême droite n'entrait que par effraction, les armes à la main, dans les palais présidentiels : coups d'État au Brésil en 1964, en Grèce en 1967, au Chili en 1973… Aujourd'hui, ce sont des peuples, souvent avec de faibles majorités mais parfois aussi à travers de véritables plébiscites, qui optent pour la démocratie « illibérale », l'autoritarisme et le chacun pour soi nationaliste.

UN LOGICIEL DESTRUCTEUR

Les contenus de cette régression sont toujours les mêmes : rejet des institutions de régulation multilatérales, imposition d'une primauté nationale égoïste, admiration pour l'« homme fort » et de celui qui a « réussi », peu importent ses méthodes ; rejet du féminisme au profit d'une idéologie familiale et patriarcale ; intégrisme religieux ; marginalisation et discrimination des minorités culturelles et sexuelles ; rejet, également, de l'écologie et des mouvements sociaux ; exaltation de caractéristiques ethniques présentées comme monolithiques et immuables…

Une société inégalitaire de consommation et des loisirs, le sentiment de ne pas compter, une agitation sur Internet où se côtoient le meilleur et le pire, la précarisation des situations ont rendu bien des gens déboussolés et désabusés.

Devant le diagnostic que l'égalité des chances, de même que le progrès social, deviennent une vaine promesse, une partie des défavorisés prennent refuge dans ce réflexe tribal auprès de l'homme fort, et réactivent les liens viscéraux de groupe, qui se défend, se méfie, se replie sur des clichés. Et sur une nation, représentation mentale et émotionnelle qui prend la place de la tribu primitive sans laquelle on n'était ni ne pouvait rien – durant des centaines de milliers d'années, voire sur le fantasme d'une "race" pure – la Blanche bien sûr.

L'extrême droite globale ramasse ainsi la mise d'une société divisée, hantée par la dégradation des conditions de vie, sans projet rassembleur, où le culte des gagnants côtoie la fabrique de perdants. Exploitant les frustrations d'un public peu regardant, des leaders au verbe abusif et violent flattent le désir d'une main forte qui protège et d'une action collective qui réunit. On se sent affranchi des bonnes manières et des règles en usage au sein de « l'élite », puisque celle-ci a trahi sa mission et qu'on ne s'en sent pas respecté. L'irrespect entraîne l'irrespect…

Le rejet viscéral en 2016 d'Hillary Clinton a visibilisé de manière spectaculaire cette défiance. Effet à la fois d'une folle campagne de dénigrement, mais aussi de la façon dont cette campagne est tombée sur un terrain fertile. Et la bataille culturelle et identitaire de se substituer à la bataille sociale, les moins bien lotis se nourrissant de leur haine pour ceux dont ils se sentent méprisés ; ils choisissent les partisans de la fermeture pour contrer les « élites libérales » qui les exposent à la concurrence déloyale de la mondialisation.

Un signe avant-coureur de ce grand saut en arrière a sans doute été l'échec en France en 2002 de Jospin au deuxième tour de l'élection présidentielle, ne laissant alors, déjà, aux électrices et électeurs que le choix entre une droite libérale et multilatéraliste et une extrême droite autoritaire et protectionniste.

On peut vraiment parler d'un mouvement de fond ressurgi d'un passé qu'on croyait révolu, qui **se traduit par la mise en place d'une tonalité agressive et dissonante faite de séduction, de soumission et de domination.**

Domination de l'Homme sur la nature ; de l'homme sur la femme ; de l'homme blanc sur les autres humains ; de son peuple sur les autres peuples ; de majorités conformistes sur des minorités dont la divergence devient vite déviance ; de dirigeants soupçonneux mais pas au-dessus de tout soupçon sur une population prise en tenaille. « *Make war not love* » est la réplique à la fois tragique et dérisoire à la joyeuse insouciance des années 1960 – époque où l'humanité a commencé à brûler la chandelle par les deux bouts.

La symétrique au sein du monde musulman de ces dérives se trouve dans l'islamisme et, en Asie, dans l'extrémisme hindouiste et bouddhiste. D'ailleurs le schéma de tous ces gens est toujours le même : nier l'unité dans la diversité du genre humain, enfermer chacun dans une catégorie, réduire l'« autre » à une caricature malveillante. On le déteste – mais paradoxalement on comprend qu'il nous déteste à son tour, puisqu'il est pareil à nous dans le refus de la cohabitation des différences. Les facteurs entretenant cette haine sont toujours les mêmes : l'absence de perspectives et le sentiment de ne pas être pris en compte.

LE POPULISME : TRIBALISME ET « TRIPALISME » ÉRIGÉES EN PRINCIPES DE GOUVERNEMENT

Le populisme peut se caractériser par quelques traits, qui sont autant de points communs de l'extrême-droite de toujours :

- Se proclamer seul vrai représentant du « peuple » face aux « élites ».
- Se reconnaître dans les régimes autoritaires et « illibéraux ».
- Soumettre l'individu au groupe et dénigrer les droits humains.
- Porter aux nues une nation présentée comme d'une pièce et protectrice pour ses ressortissants.
- Banaliser la xénophobie, le suprémacisme blanc, le racisme, voire y adhérer, rejeter tout pluralisme et toute différence (par exemple l'homosexualité).
- Exploiter sans scrupules l'enjeu de la migration.
- Opposer les pauvres d'ici et les pauvres d'ailleurs.
- Dénigrer les négociations et régulations supranationales et nier les interdépendances qui les rendent nécessaires.
- Discréditer au nom du « bon sens populaire » les limites posées à la subjectivité : une justice indépendante qui fait respecter la loi, une loi qui pénalise le dénigrement individuel et collectif, les procédures exigeant traçabilité et rigueur, les règles du débat scientifique fondées sur l'administration de preuves et non sur l'habileté du plaideur.
- Être constamment en mode vindicatif, de victimisation et de dénonciation.

Dégageant le « peuple » des « bonnes manières » et de l'effort intellectuel au profit de l'émotionnel, les populistes pratiquent sans gêne l'enrichissement personnel ; ne pas payer l'impôt est ici une preuve de débrouillardise. À l'ère des faits alternatifs, l'immoralité est un détail et la transgression la règle. Attaché à ses figures de référence, le noyau dur du populisme leur pardonne tous les excès. Normal, elles l'ont affranchi des codes propres à ceux qui savent, qui font, qui sont. Derrière tout cela, souvent des millionnaires sans scrupules… qui assurent leur modèle

…

...

d'affaires sur le dos des démunis votant pour les populistes – la revendication identitaire qui remplace la revendication sociale : tout bénéfice pour eux...

Si l'empathie et l'ancrage manquent à l'évidence aux technocrates, l'émotionnel de cette révolte-là n'a rien de bienveillant. Indignez-vous, avait dit un peu légèrement Stéphane Hessel (1917-2013), mais il ne pensait pas que cela prendrait cette tournure ; son contemporain Edgar Morin avait pourtant averti : *« il ne suffit plus de dénoncer, il nous faut désormais énoncer[179] ».*

L'IMPOSTURE DES « FAITS ALTERNATIFS »

Des faits alternatifs ? Une contradiction dans les termes, un mélange ahurissant entre constats et opinions. On largue les amarres des règles du débat, on se lâche, on rejette toute responsabilité et toute discipline intellectuelle, on s'enferme dans un monde parallèle. La méfiance, le complotisme, la négativité s'en donnent à cœur joie.

Tout est possible, personne n'a besoin d'amener de preuves. Est vrai ce que je dis être vrai, est faux ce que je décrète être faux, puisque je vous le dis. Les croyances les plus absurdes s'érigent en « alternatives » aux résultats de la méthode scientifique, embrument les esprits et polluent les débats. C'est tout le contraire de la citoyenneté, faite d'échanges, d'écoutes, de questionnements, d'argumentations, d'engagements, d'incertitudes et de pluralisme.

Un Français sur dix croit possible que, « contrairement à ce qu'on nous dit », la Terre est plate[180] ! Mieux : même des pilotes d'avion s'y mettent, affirmant que c'est Dieu qui les met à l'épreuve en leur faisant entrevoir un horizon courbé : illusion, car à chaque fois qu'ils atterrissent, c'est sur du plat ! D'autres doutent du débarquement humain, en juillet 1969, sur la Lune ; d'ailleurs, ils n'en étaient pas[181].

À la façon de Lyssenko[182], scientifique stalinien propagandiste durant trente ans d'une « génétique prolétarienne », des créationnistes se glissent dans les ministères et les programmes scolaires. Il y avait davantage de monde à l'investiture d'Obama (1,8 million de personnes) qu'à celle de Trump[183] ? Peu importe, le « fait » alternatif est qu'en réalité, il y en avait moins. L'expert américain Joseph Rye relate que *« Donald Trump a menti 20 000 fois en près de quatre ans à la Maison-Blanche[184] »*. Un de ses mensonges majeurs est qu'il y aurait eu des fraudes massives lors de l'élection présidentielle de novembre 2020 – le plus inquiétant est que 70 % de ses 70 millions d'électeurs en sont persuadés ; il a ainsi sciemment semé la division dans son pays.

Des élus, au nom d'une liberté d'expression sans frein et du rejet d'une prétendue « dictature du politiquement correct », réclament la dépénalisation de la négation des génocides – tout en admirant des régimes qui ne connaissent aucune liberté d'expression. L'antisémitisme n'est jamais bien loin, **l'extrême-droite réussissant le tour de force d'être à la fois propalestinienne par haine des Juifs – et pour la colonisation juive de toute la Palestine par haine des Arabes**…

Ce qui est souvent occulté sont les milieux qui les financent ou ont montré l'exemple de la falsification[185]. Certains ultrariches, surtout aux États-Unis, espèrent du populisme une politique de baisse d'impôts et de dérégulation, qui en effet s'est produite, et le financent, au grand détriment des classes populaires, premiers soutiens des populistes…

Après des décennies où tout tournait autour de l'individu, ses caprices, ses fantasmes, sa poursuite d'objectifs personnels dans une société qui le laisse au final bien seul face à son destin, il ne sera pas facile de réoccuper la sphère collective, de retisser le lien social, de retrouver de justes équilibres. Il est vrai que **s'identifier au vivre ensemble et aux droits humains est plus difficile quand on n'a soi-même pas assez pour vivre et se sent exclu et sans voix**…

NÉOLIBÉRALISME ET POPULISME, DEUX ERREMENTS SYMÉTRIQUES

À l'économie sociale de marché s'oppose le néolibéralisme[186], apparu avec force vers la fin des années 1980. Avec lui, le capitalisme largue les amarres. Le néolibéralisme croyait trouver le salut tant dans la réduction, par la dérégulation, des obligations de prise en compte des dimensions sociales et environnementales que dans la privatisation de prestations auparavant fournies par la main publique afin d'être accessibles à tous.

Mais il a aussi soumis l'économie à une finance aux attentes abusives. De la suppression des barrières douanières au nom de la **théorie des avantages comparatifs**, il attendait une stimulation des activités économiques, quelles qu'elles soient, le marché ayant toujours raison. L'État est ici réduit à la portion congrue, au point de menacer de ne plus garantir les conditions de l'activité économique: infrastructures, formation, recherche.

En certains lieux, même la police et les prisons ont été placées en mains privées.

Sous ce régime, pas étonnant que le triomphe du numérique ait propulsé parmi les premières fortunes les promoteurs d'Amazon (113 milliards de dollars), de Microsoft (98 milliards de dollars) et de Facebook (55 milliards de dollars[187]), et que les bonus des chefs des grands groupes et fonds de placement explosent. L'opprobre jeté sur l'intervention étatique conduit la collectivité à rester en retrait sur des déséquilibres qui s'aggravent dangereusement et la réduit à contempler sa propre impuissance…

Néolibéralisme et populisme ont non seulement partie liée dans leur refus des cadrages écologiques et sociaux nécessaires, mais leur alliance objective ne peut qu'aggraver les difficultés et dégrader nos façons de « faire société »… **Un point commun aux néolibéraux et aux populistes de tous les pays est ainsi leur dédain pour les enjeux environnementaux.**

Tous deux se soutiennent mutuellement par un jeu de bascule pervers, les victimes des premiers soutenant les seconds, mais aussi par ce qui, finalement, les rapproche. À y regarder de plus près, ce sont bien deux modalités de la même loi, celle du plus fort – par désintégration individualiste du tissu social pour le libéralisme (l'affrontement inégal des individus atomisés), par imposition communautaire pour le nationalisme (l'affrontement organisé des collectivités homogénéisées). Et ils aggravent pratiquement toujours les problèmes là où ils sont aux affaires.

Or, l'être humain est à la fois attaché à sa sphère privée et à son rôle dans le groupe. Alors qu'il faut donner leur juste part à ces deux aspects, *« une des faiblesses de la civilisation occidentale est (...) la constitution de cet individu séparé de la communauté, de l'individu considéré comme un tout » (Albert Camus[188]).*

La grande faille du libéralisme est de faire l'impasse sur le collectif, la grande faille du collectivisme de faire l'impasse sur l'individu. Aujourd'hui le cas chinois souligne à quel point liberté économique et liberté politique ne sont guère liées ; l'État tout-puissant et autoritaire, fantasme de l'extrême-droite mondiale, est tout aussi dangereux que le marché débridé.

Un vrai effort d'égalité des chances aurait pu légitimer le libéralisme, mais la défense des situations acquises l'a emporté et rapidement l'individualisme exacerbé a abouti à exclure un nombre conséquent... d'individus. La liberté d'entreprendre doit être associée à son exercice responsable, la compétition ne pas faire oublier la compassion et la coopération.

Et au-delà du « tout au marché » pour les uns, du « tout à la nation » pour les autres, il doit y avoir une place pour une gestion écologiquement et socialement responsable de la planète, patrimoine commun de l'humanité.

L'IMPASSE NATIONALISTE

Le retour des nationalismes agressifs pourrait nous ramener à l'inconscience de 1914 où, à force de jouer avec le feu, s'est allumé presque par négligence, pour tromper l'ennui d'un été,

l'immense brasier qui a consumé des millions d'innocents en d'inouïes souffrances. Tout cela pour quelques kilomètres carrés qui changent de main… et pour déboucher sur un siècle d'instabilité de Saint-Pétersbourg au Caire, d'Alger au Caucase, mosaïque de peuples imbriqués.

Prenons l'Asie Mineure. Après le massacre, l'année même de la grande boucherie de Verdun, des Arméniens d'Anatolie – premier des terrifiants génocides du XXe siècle –, ce fut au tour des Grecs, des Juifs, des Arabes, de devoir, après des générations de résidence sur un territoire partagé, quitter précipitamment ce résidu de l'Empire ottoman tombé aux mains de nationalistes turcs qui l'ont proclamé exclusivement turc. La question kurde reste évidemment insoluble dans un tel contexte.

Il eût probablement suffi que l'Empire ottoman considère avec respect ses éléments arabes et les inclue dans sa gouvernance, et que l'Empire austro-hongrois en fasse de même avec ses composantes slaves. Cela n'est pas arrivé et les ressentiments accumulés les ont fait s'écrouler comme des châteaux de cartes. Grands vaincus de la guerre, incapables de se réinventer à temps, leur chute a déclenché une épuration ethnique par définition sans fin.

Les drames récurrents que vivent la Palestine, l'Irak, la Syrie, la Libye – formations issues du démembrement de cet Empire – résultent de la manière dont s'est conclue la Première Guerre mondiale. C'est pour les mêmes raisons que, sur les Balkans, **le feu couve sous la cendre depuis plus de cent ans**.

Sur le territoire d'un autre vieil ensemble pluriculturel, l'Autriche-Hongrie, les extrémismes croate, slovaque, hongrois, serbe, polonais, allemand se définissaient tous par l'exclusivité réclamée pour leur ethnie, au prix du déchirement de cet espace de cohabitation et d'interaction séculaire si bien évoqué par Stefan Zweig dans *Le Monde d'hier*[189] et qui pourrait montrer la voie de celui de demain…

Le nationalisme exclusif n'exalte pas seulement sa « nation ». Il l'imagine, la construit, la définit, la sacralise, la placarde, **l'impose – créature mentale devenant ogre dévorant**. Par nature, il est niveleur à l'interne (« tous pareils »), réducteur et dépréciatif vis-à-vis de l'extérieur. Par nature, il est agressif et intolérant face aux « minorités » – terme tout sauf rassurant – qui ont depuis toujours caractérisé tout territoire, tout pays.

Le Brexit a été présenté par ses partisans comme la sortie de la « prison des peuples » que serait l'Union européenne – recyclant le vocable dont qualifiaient l'empire des Habsbourg ses détracteurs et destructeurs. Dès maintenant, le Brexit permet de **priver largement de droits** ce « plombier polonais » auquel la bonne société britannique recourait volontiers, de **déréguler l'économie et de redéfinir à la baisse la protection sociale, en n'ayant de comptes à rendre à personne.** Le rêve des Brexiteurs ? Faire de leur pays un vaste Singapour… au risque de la désunion du Royaume-Uni.

On occulte dans tout cela que **la nation, projection socioculturelle et choix politique, n'est qu'un produit de l'histoire,** d'une histoire certes longue et à considérer comme telle, mais **jamais achevée.**

Des identités de groupe se forment et appellent à la reconnaissance, c'est évident, mais elles sont **évolutives et non**

exclusives ; les êtres humains, en des gradations individuelles et sur des durées variables, sont quasiment tous des produits d'un mélange représentant, à travers leurs trajectoires et filiations, autant de facettes du genre humain. Toute analyse généalogique un peu poussée le prouve aisément. À quoi bon nier cette richesse, à quoi bon rêver d'une « pureté » qui ne peut déboucher que sur des cauchemars, car **contraire à la réalité humaine** ?

LE KALÉIDOSCOPE HUMAIN : LA PREUVE PAR LA GÉNÉTIQUE

La génétique nous apprend que l'humanité n'a cessé de bouger, de se mélanger, de s'hybrider, et que toute idée de souche originelle pure n'est que fantasme porteur de division et de malheur, qu'il s'agisse de notre génome ou de nos expressions culturelles. *« L'ADN ancien a révélé que les classifications d'aujourd'hui ne reflètent pas d'unités biologiques "pures" ou fondamentales. Bien au contraire, ces divisions sont récentes et ont trouvé leur origine dans de multiples croisements et migrations (...) l'hybridation est un principe fondamental de notre identité. Nous ne devons pas le nier, mais nous en réjouir. » « Selon l'ADN ancien, les grandes migrations et les mélanges de populations très divergentes ont été la force vive de la préhistoire humaine. Et toutes les idéologies qui cherchent un retour à une pureté mythique sont totalement incompatibles avec les sciences dures*[190] », souligne le généticien américain David Reich.

D'ailleurs, l'**État d'une seule nation est une invention récente** ; durant de longs siècles, le modèle dominant était soit les petits États-confettis, soit les Empires transnationaux rassemblant des territoires européens puis extra-européens **dans une grande diversité ethnique**. Le Saint Empire romain germanique, précurseur en format Ancien Régime de l'UE, a tout de même dépassé le demi-millénaire d'existence !

Sur le continent africain, au moment où le nationalisme triomphait en Europe, les frontières ont été, tout au contraire, découpées par les puissances coloniales sans considération pour les ethnies présentes. Dès lors, la pluralité ethnique et une cohabitation généralement pacifique de peuples différents caractérisent la plupart des États africains.

La Suisse est une des rares survivantes de ces temps d'avant l'État-nation. **Elle a en effet la grande chance que son identité ne soit pas ethnique mais politique – précisément le projet de vivre ensemble entre régions, cultures, langues différentes dans le respect de la loi commune. C'est une sorte de petite Europe au cœur du continent, composée de trois peuples importants d'Europe dont les représentants se rencontrent ici en direct.**

UNITÉ ET DIVERSITÉ VONT DE PAIR

Les ensembles qui ont perduré le plus longtemps, qui ont laissé le plus de traces dans la mémoire des peuples, sont ceux qui n'ont pas confondu domination politique et nivellement ethnique : l'Empire romain et l'Empire britannique. Et si durant 1 500 ans, l'Europe parlait latin, aujourd'hui le monde parle anglais, imposition coloniale devenue vecteur d'interrelation et référence commune.

Europe qui rassemble sur son territoire le résultat des nombreux mouvements de population : les vagues de peuplement successifs durant la préhistoire, les Celtes, les peuplades germaniques, Rome, les peuples « barbares[191] », les Slaves, les Turcs…

Seule **une structuration territoriale désolidarisant État et peuples**, comme c'était la norme avant l'ère des nationalismes, permet à chaque culture, tradition, ethnie et personne de valoriser ses marqueurs identitaires sans préjudice pour les autres cultures, traditions, ethnies et individus d'un même territoire. Durant des siècles, les territoires politiques ont toujours compris plusieurs ethnies, ce qui en faisait toute la richesse culturelle et sociale.

Seule **une organisation fédéraliste** – comme la connaissent aujourd'hui, suite à de cuisantes expériences aussi, l'Espagne, l'Italie, l'Autriche ou l'Allemagne – peut rendre justice à la diversité des situations, car permettant à des cultures, à des identités différentes de coexister au sein d'un même État, d'y trouver les conditions de leur épanouissement et de s'enrichir de leurs différences. Dommage que les indépendantistes catalans ou basques ne parviennent pas à le comprendre, et ne songent qu'à reproduire à leur échelle le modèle qu'ils rejettent…

Au contraire de cela, **l'État unitaire français a été fondé sur une centralisation très forte autour de la capitale,** marginalisant les périphéries, vampirisant les territoires, démobilisant les initiatives locales, et ceci depuis un demi-millénaire ! Il le paie aujourd'hui **en crises de gouvernabilité récurrentes**. Et la colère des Gilets jaunes qui aurait pu déboucher sur des instruments de démocratie directe « à la française » n'a pas été entendue.

Alors qu'au XVIe siècle, et encore au XVIIIe, seule une minorité du Royaume parlait français[192], c'est pourtant cette langue – celle de Paris – qui a été imposée à tous. *« Jusqu'à l'uniformisation républicaine des XIXe et XXe siècles, la France était composée de multiples régions, où des langues, la musique, les danses, les habitudes culinaires, l'architecture et plus généralement les modes de vie variaient de manière importante»*, rappelle Jean-Paul Demoule[193].

Aussi longtemps qu'elles étaient encore employées par un nombre significatif de personnes, soit jusque dans les années 1960, les langues dites «régionales» étaient frappées d'interdit dans tout lieu public «républicain», et se sont repliées sur les espaces privés, le folklore et le culte. C'est parce qu'elles ne sont plus que l'ombre d'elles-mêmes qu'elles sont depuis tolérées, voire mises en avant à des fins touristiques.

Tout cela au nom d'une égalité, par ailleurs inexistante au plan économique et social, entre les territoires - il suffit de penser aux banlieues ou à ces espaces délaissés par la plupart des services au public, et pour cette raison appelés cyniquement le «Désert français»! Ce sont de telles contradictions qui empêchent la France d'être en paix avec elle-même.

Albert Camus aurait tant voulu que son pays, l'Algérie, alors française, puisse être le lieu d'une diversité assumée et d'une cohabitation réussie. En 1937, la guerre d'Espagne lui avait fait dire que *«les nationalismes apparaissent toujours dans l'histoire comme des signes de décadence»*. Vingt ans plus tard, en 1956, celle sévissant dans sa patrie lui inspira cette affirmation: *«Je ne crois qu'aux différences, non à l'uniformité[194].»*

De même, Gandhi et Mandela, en conduisant leurs pays vers l'émancipation, n'ont eu de cesse **d'invoquer l'unité dans la**

diversité, l'effort de l'un vers l'autre, la nécessité de dépasser ses peurs et ses aversions, la tolérance réciproque, comme conditions du vivre ensemble.

Mais la joie de Gandhi devant l'indépendance de l'Inde, combat – pacifique – de sa vie, fut brève. Ses derniers mois ont été obscurcis par le déchaînement des intégrismes et la sanglante partition du sous-continent, et c'est sous les coups d'un extrémiste hindou qu'il expira.

Libérées de leurs dominateurs, ces deux grandes nations pluriculturelles ne sont pas pour autant débarrassées de leurs démons. En Inde, alors que la Constitution de 1950 reconnaît 22 langues officielles, le gouvernement nationaliste en place depuis 2014 poursuit avec obstination le dessein d'une domination du seul hindi. Pour un nationaliste pratiquant, le pluralisme culturel dans un même pays semble inconcevable.

LA TRIPLE CRISE DE L'HUMANISME

Face aux **deux maux montés en symétrie que sont le néolibéralisme et le nationalisme**, que devient l'humanisme, vision d'un monde habitat partagé d'une humanité une et diverse ?

La crise de l'humanisme est bien d'abord une crise de l'incarnation. Les penseurs sont là, les références aussi. Dans le monde francophone, on peut citer Edgar Morin, Patrick Viveret, Pierre Rabhi et, plus anciennement, Simone Weil, Jean Giono, Albert Camus, Emmanuel Mounier[195].

Le rêve américain est bien mieux représenté par un Martin Luther King[196], assassiné en 1968 en raison de ses appels à la réconciliation, que par les Trump, Bannon et autres boutefeux des affrontements proclamés inéluctables, voire constitutifs de la destinée humaine.

Malheureusement, de nos jours pas de Mandela ni de Gandhi à l'horizon, ni même de Roosevelt ou de Gaulle, pour **flatter non les instincts du mal, mais activer les élans vers le bien**. Les populations ont besoin de leadership en chair et en os, d'un discours émotionnel qui marque ; **il est grand temps d'opposer au leadership du mal un leadership du bien**.

Il est évident que si l'Union européenne avait des leaders charismatiques capables d'invoquer et de représenter ce projet de **nation pluriculturelle** qu'elle devrait être, elle s'inscrirait autrement dans les cœurs des Européens et l'on pourrait **créer, sur la base de l'histoire commune des peuples d'Europe, un sentiment d'appartenance partagé, un patriotisme européen**.

On ne peut que regretter de n'avoir pas davantage confronté les populations du continent au dessein historique qui leur incombe : **construire ensemble la maison commune des peuples d'Europe, y compris de ceux mis de côté dans leur propre pays, l'Europe pérenne des régions se substituant aux États-nations d'un moment**[197].

Avec pour effet, comme le dit Olivier Abel[198], qu'avec une *« Europe ainsi redivisée en régions à peu près équilibrées, on n'aurait plus le problème du déséquilibre entre les États européens »*. Mais

le niveau national ne veut pas lâcher prise, cette Europe des régions illustrée par Denis de Rougemont[199] lui faisant peur par-dessus tout.

Une crise de visibilité ensuite. Les personnes « centristes », modérées, pondérées, le sont souvent aussi sur le plan de l'expression. Point d'insurrection des consciences, de buzz, de mise en accusation des destructeurs du respect et de l'éthique, de dénonciation des côtés obscurs de l'humanité. Leurs propos n'« impriment » pas.

Or, une certaine virulence s'impose quand le vivre ensemble et la capacité de l'humanité à gérer son destin sont en jeu. On en vient à souhaiter un « extrémisme du centre », au moins une certaine radicalité ! Si dans le populisme, le fond est destructeur, ses modes de communication peuvent être mis au service de mobilisations positives.

Une crise de l'action, enfin. N'étant que peu suivis d'effets concrets, les propos des dirigeants démocratiques se sont démonétisés. Que font-ils pour affirmer les principes démocratiques face aux dictateurs jouant des coudes et offrant d'alléchants contrats ? Pour lutter contre la montée des inégalités ? Pour cadrer socialement et environnementalement une mondialisation qui dérape ? Pour réguler les fonds d'investissement aux exigences abusives et les mettre au service de l'économie réelle ?

C'est bien l'échec des « élites » à assurer les équilibres de nos sociétés qui est la cause profonde de l'irruption des mauvais côtés de l'être humain dans l'espace politique. Aujourd'hui comme hier, les grands responsables de la tournure que prennent les choses sont ces « décideurs » jamais à court de bonnes paroles mais qui abdiquent devant la réalité des injustices, qui ont oublié leur devoir d'assurer l'égalité des chances.

LE PERSONNALISME : AU CŒUR DES ANNÉES SOMBRES, LE SOUFFLE DE L'ESPRIT

À un moment où le monde était à nouveau entre les griffes du mal, Emmanuel Mounier rassembla autour du personnalisme des humanistes tels que Denis de Rougemont, Henri Guillemin, Jacques Ellul et Paul Ricœur, mouvance dont la revue *Esprit* est le porte-parole depuis 1932 (avec une éclipse forcée entre 1941 et 1944). Plus tard, Jacques Delors et Teilhard de Chardin, le fédéralisme européen et l'écologie politique, s'en inspireront.

Le personnalisme ? La rigueur sans la rigidité. La sévérité mais l'empathie. Le doute et les certitudes. Une quête constante de lucidité. L'acceptation de l'ambiguïté humaine en même temps que l'affirmation de valeurs universelles : « *C'est en idéalisant le peuple qu'on l'a perdu*[200]. » Une tension féconde entre dimension verticale – notre aptitude à la transcendance – et dimension horizontale – notre place dans le monde. Une affirmation morale permettant de dépasser l'approche mécaniste marquant tant le biologisme freudien que le déterminisme marxien.

Une vision d'un être humain réalisant sa vraie nature, qui est à la fois individuelle et sociale. Une attitude critique devant un modèle économique qui « *a soumis la vie spirituelle à la consommation, la consommation à la production, et la production au profit, alors que la hiérarchie naturelle est la hiérarchie inverse*[201] ».

Une société guidée par l'équité, le fédéralisme et la subsidiarité comme organisation du genre humain. La sobriété heureuse (pour reprendre l'expression chère à Pierre Rabhi[202]) au lieu d'une production devenue fin en soi, et où il s'agit « *de conférer au politique une finalité nouvelle : protéger l'homme contre ses œuvres*[203] »…

N'oublions pas à quelles extrémités **la frustration nationale** (l'humiliant traité de Versailles, alors que les responsabilités dans la guerre de 14-18 étaient bien partagées), additionnée à celle **social**e (l'inflation exponentielle des années 1920 et le chômage d'un tiers de la population en âge de travailler au début des années 1930), a conduit une partie importante des Allemands. À savoir à suivre le parti dont le nom faisait précisément appel à cette double blessure, nationale et sociale.

Toutefois, c'est lorsqu'il avait déjà dépassé son zénith, obtenant aux élections de novembre 1932 33,1 % des voix contre 37,4 % quatre mois plus tôt, que la naïveté et l'irresponsabilité d'une « élite » aux convictions pas vraiment démocratiques l'ont porté au pouvoir.

Car, **alors que chez les politiciens traditionnels, un écart plus ou moins important entre les paroles et les actes est usuel, les mouvements extrémistes appliquent généralement leurs programmes à la lettre**. C'est ainsi que le ramassis de vulgarité et d'hystérie intitulé *Mein Kampf* est devenu la partition d'un drame emportant tout un continent.

REDONNER SA PLACE AU MILIEU POPULAIRE

Le milieu populaire avait un défenseur historique, attitré, attentionné : la gauche, les syndicats, les partis démocratiques. On doit se poser la question pourquoi, **devant la montée des inégalités, à partir de l'épuisement du modèle des Trente Glorieuses, beaucoup de « perdants de la mondialisation » choisissent de donner sa chance à l'extrême-droite**.

Un élément de ce divorce est que les personnes professant des idées humanistes et favorables à l'égalité de chances, et donc en principe les meilleurs relais de propositions répondant au vécu des catégories défavorisées, ne font souvent plus partie de ces catégories. Elles vivent autrement qu'elles, se nourrissent à d'autres sources, habitent d'autres lieux, ne partagent pas leur quotidien – ce qui ne les empêche pas d'en parler avec compétence.

Mais il manque le lien charnel avec leur public cible. Le milieu populaire ne se braque pas contre la sollicitude de personnes mieux situées, mais il faut qu'il y ait la relation interpersonnelle, la connaissance, l'empathie, le contact, la parole chaleureuse, compréhensive et compréhensible.

Sinon le milieu populaire ne peut ressentir les représentants usuels de la gauche que comme une abstraction, une « élite » lointaine, bien différente de lui. C'est une réelle barrière de classe. Une « élite » qui prêche le vivre ensemble, tout en étant à l'abri des conflits entre cultures survenant dans des quartiers populaires, de la mêlée générale pour trouver un emploi, des fins de mois difficiles.

Et quand cette « élite » invoque une « ouverture » dont, au contraire du « petit peuple », elle ne craint rien, celui-ci cherche refuge et secours – et dernier recours – dans une communauté nationale mythifiée. Il est alors tout prêt à boire les paroles du premier populiste venu. Mais il n'y a pas que le sentiment d'être objet et non sujet du discours. Il y a aussi le discours lui-même. Par exemple quand un Président « de gauche » s'abaisse à qualifier une population défavorisée de « sans dents ».

Sur un certain nombre de sujets qui inquiètent, **comme en matière de sécurité et d'immigration, la gauche est soupçonnée de préférer l'étranger à l'habitant, celui qui est différent par rapport à celui qui est dans le moule majoritaire, l'arrivant au résident.** La question de la sécurité n'a pas été un thème majeur d'une gauche mal à l'aise avec les notions de répression, de peine et de remise dans le droit chemin, dans une complémentarité entre prévention, punition et réparation.

Dénoncer les vices de la prison ne signifie bien sûr pas renoncer à punir, mais qu'on doit réparer autrement ses actes délictueux, éviter d'être constamment exposé à plus criminel que soi, préparer une réinsertion sans risques pour autrui. Par du travail d'intérêt général par exemple. Sachant aussi que le risque zéro n'existe pas et que l'exiger, comme le fait l'extrême-droite globale, est tout simplement non humain.

La sécurité pour toutes et tous est un droit, qui doit s'exercer dans le strict respect de l'État de droit. Ne pas le dire a alimenté, dans un milieu populaire las des petits et grands larcins, un ressenti de mépris et d'abandon ; dénier ce droit aux plus démunis est une inégalité flagrante.

Concernant la migration et les migrants, le milieu populaire est certes prêt à partager, mais ne veut pas être dupe d'un discours moralisateur dans lequel il craint d'être oublié dans ses besoins. Il est prêt à donner le peu qu'il a, mais ne veut pas être seul à le faire.

Et il veut que les arrivants, d'une autre culture ou religion, aient à faire de vrais efforts d'adaptation. Il ne faut pas que la gauche nie ces difficultés. Il est vrai aussi que ceux qui sont les plus réticents face à l'immigration sont souvent les immigrés désormais établis, au prix d'un long parcours d'obstacle et de mille peines, et désireux d'oublier ce qu'ils ont dû traverser.

Un certain discours anticapitaliste l'inquiète, lui qui est **légitimement attaché au peu qu'il peut posséder**: un petit bas de laine, une petite entreprise, les premiers menacés lors de fragilisations économiques, une maisonnette. Et le sentiment d'injustice reste à vif.

Enfin, ce n'est pas parce qu'on doit combattre les excès nationalistes qu'on doit renoncer à **être fier de ce qu'on est, de ses origines, de son parcours, de sa région, de son pays**. On peut tout à fait être **patriote d'une façon qui respecte la diversité et les devoirs des nations les unes par rapport aux autres**. Tout est dans la manière. L'appartenance offre une sécurité, un réconfort, un abri; la dérive n'est pas d'avoir une appartenance, c'est de ne pas accepter qu'en réalité on en ait plusieurs, et surtout que d'autres en aient eux aussi plusieurs...

La défaite de Trump, personnage incarnant la transgression, la vulgarité, la division, un soutien peu dissimulé au racisme, au dénigrement et aux complotismes de tout genre, l'admiration pour les dictateurs, l'irrespect de sa fonction, sonne comme un coup d'arrêt salutaire. Encore dans les derniers jours de son mandat, ce président voulait créer l'irréversible en accordant des concessions pétrolières dans des réserves naturelles et en graciant des dizaines de figures criminelles[204].

Au travers même de la personnalité de Biden, son élection pourrait marquer le début d'un retournement de tendance. Mais il serait dramatique que cette seconde chance soit gâchée. Il s'agira d'enclencher sans tarder un combat déterminé contre les inégalités sociales et pour la dignité de chaque être humain. Ce serait le point de départ d'une sérénité politique retrouvée, d'une réconciliation entre le milieu populaire et des « élites » qui prendraient enfin leurs responsabilités.

POUR UNE « TERRE DES HOMMES[205] »

L'alternative au néolibéralisme et au nationalisme est dans l'alliance entre le global et le local, le développement durable et les droits humains, la liberté et la responsabilité, la régulation et l'autonomie, les droits et les devoirs. Ce ne sera pas une société « molle » et sans confrontations ; la recherche de règlements pacifiques aux conflits n'effacera pas leur survenance. Mais face à l'atomisation des individus et au jeu des intérêts particuliers, ce sera désormais à **la volonté collective de se former et de s'exprimer**.

NOTRE VRAIE IDENTITÉ : NOS VALEURS

Le propre de l'idéologie est de **donner des réponses simples à des situations complexes** ; elle tend à occulter ce qui la contredit et à placer ses désirs avant les faits. Elle rassure les personnes adeptes d'un raisonnement binaire et en besoin de certitudes. Sous ses formes virulentes, elle **désigne un ennemi à abattre** pour qu'ensuite tout aille mieux : les Juifs, les capitalistes, les riches, les immigrés, les étrangers, la gauche, la droite – « les autres », toujours. Caricaturés, affublés de capacités de nuisance majeures, détestés, ils sont la cause de nos malheurs ; le destin du monde se jouerait entre « eux » et « nous ».

Toute simplification abusive conduit à l'erreur – donc à des solutions inopérantes ; toute exclusive aboutit à la haine – donc à multiplier la souffrance. Pour Saint-Exupéry, *« à quoi bon discuter les idéologies ? Si toutes se démontrent, toutes aussi s'opposent, et de telles discussions font désespérer du salut de l'homme. Alors que l'homme, partout, autour de nous, expose les mêmes besoins*[206] *»*.
Il ne faut pas pour autant jeter l'enfant avec l'eau du bain et tomber dans un pragmatisme sans boussole. **Cette boussole, ce sont nos valeurs.** Passer des idéologies aux valeurs, regarder le réel en face est la seule façon de pouvoir le changer en fonction de ces valeurs. L'idéologie est avant tout une confusion entre explication du monde et valeurs.
Développer une vision systémique au lieu de la pensée linéaire, car le réel est systémique, passer d'une logique binaire à une perception holistique, car tout est lié, prendre ses responsabilités ici et maintenant au lieu d'attendre le grand soir est l'exigence d'une citoyenneté renouvelée. Dans le changement social, c'est la voie qui détermine le but.

Dans cette indispensable mutation, il nous faut réhabiliter l'État – mais quel État ? Un État, tout d'abord, car l'alternative est la loi du plus fort – mais si cet État est corrompu, inefficace, ne respecte pas les droits fondamentaux, il répercute à son tour la loi du plus fort. **Il n'y a pas d'autre solution que l'État de droit**, la séparation et le contrôle mutuel des pouvoirs, la proportionnalité des mesures édictées, le monopole étatique de la violence, une prise de décision démocratique et informée, une organisation décentralisée. Ce sont son efficacité, son sens de l'équité, son action, ses valeurs qui le légitiment.

Il se portera garant du faible face au fort, fédérera autour d'objectifs partagés, sollicitera ceux qui peuvent et soutiendra ceux qui ne peuvent pas. Son rôle est de se mêler de ce qui relève du collectif, non de ce qui appartient à la sphère individuelle; **il est libéral pour les modes de vie, mais interventionniste lorsque la liberté d'autrui est concernée**. Il veille à ce que les **contrats** – de bail, de travail, commerciaux – **assurent une relation équitable entre les parties**. Puis, selon le principe de subsidiarité, il appartiendra aux acteurs de les emplir de leurs contributions.

Son souci sera que toutes et tous aient un accès à un emploi et/ou à un revenu équitable, il fixera **des minimums et des maximums salariaux**, encouragera le partenariat social, édictera des normes en matière de travail et organisera la couverture sociale.

Parmi ses rôles: la formation; la recherche; la garantie d'un système de santé fonctionnel (en incluant sa promotion et sa prévention[207]) et de bonnes infrastructures de transport et de communication; la justice et la sécurité interne et externe. Mais aussi la bonne gestion des bases naturelles de l'existence, la promotion de la paix et la défense des droits humains.

La pandémie du Covid a marqué le grand retour de l'État. En l'occurrence, il a souligné la capacité très variable des États à prendre des mesures sanitaires et à en assumer les conséquences économiques et sociales. Les États qui ont su maintenir une politique sociale et une capacité d'agir sur l'économie sont à peu près les seuls à avoir réussi à relever le défi sans dommages excessifs pour leur population.

LUTTE CONTRE LE COVID : ET LES AUTRES ATTEINTES À LA SANTÉ ?

Lutter avec fermeté contre le Covid et rester très laxiste sur des causes bien documentées et bien plus lourdes en termes de souffrance humaine et de mortalité est grandement questionnable. Que fait-on de contraignant contre la « malbouffe » industrielle (et les excès de sucre et de sel qu'elle comporte), facteur important d'après l'OMS de la progression du diabète, des maladies cardiovasculaires et du cancer ; la pollution de l'air qui (toujours selon l'OMS) tue annuellement dans le monde sept millions de personnes ; les pesticides dangereux responsables de près d'un quart de million de morts par an[208] ; les maladies tropicales dues aux eaux insalubres ?

Un État ainsi défini ne nécessite pas seulement l'engagement de ses dirigeants, il se fonde sur des citoyennes et des citoyens impliqués. **La démocratie est ce qu'on en fait** ; comme en toute chose, pour recevoir, il faut (pouvoir) donner. Ce n'est que quand le « eux » fait place au « nous » qu'une société est pacifiée.

Quand les tenants du pouvoir se réclamant de l'humanisme oseront mettre en pratique les idées dont ils se réclament, peut-être le diable du rejet, de la frustration et de l'approximation pourra-t-il rentrer dans sa boîte et les populations retrouver des sentiments constructifs. Il est temps que se rassemblent autour d'une éthique claire les femmes et les hommes de bonne volonté !

PAS DE DÉMOCRATIE SANS INFORMATION DE QUALITÉ

Lorsque dominent des médias faisant du chiffre à travers la confrontation et l'exacerbation, dont les propriétaires poursuivent des intérêts particuliers, la démocratie est menacée dans son essence même qui est la recherche des équilibres et des convergences, la concertation, la compréhension des enjeux, l'harmonisation des intérêts, leur inscription dans un dessein commun.

Une démocratie effective passe par la possibilité pour le plus grand nombre de s'informer et d'être informé; ces médias visent au contraire à déformer, agiter, distraire, détourner. Quelques puissants personnages se façonnent là une opinion publique malléable et à leur merci. Mais on peut aussi faire autrement.

Le 4 mars 2018, le peuple suisse donnait une réponse claire aux aventuriers qui voulaient livrer les radios et télévisions à la publicité et à des investisseurs tout sauf désintéressés. Et soulignait son attachement à une information diversifiée, fiable, approfondie, guidée par une éthique professionnelle éprouvée[209]. La Radio télévision suisse et les radios et télévisions locales et régionales sont donc pérennisées, leur financement consolidé, leur mission garantie par la Constitution.

Toutefois, qu'en est-il des autres médias? À travers fermetures, restructurations et licenciements, la presse écrite fait de son mieux pour remplir, malgré de forts vents contraires, ses missions: donner du recul, éclairer, offrir des bases et des opportunités pour le débat public. Mais c'est un équilibrisme de tous les instants.

La fragmentation de nos sociétés a été puissamment facilitée par la radicalisation politique promue par des médias dévoyés, et **par la surenchère sévissant sur les réseaux sociaux**[210]. La réponse est claire : appliquer la solution validée en mars 2018 à l'ensemble des médias, car, par-delà leurs modalités techniques différentes, les enjeux sont les mêmes. Les récents débats parlementaires sur l'aide à la presse n'ont malheureusement toujours pas permis d'intégrer ces éléments.

La question est de portée universelle et la progression des régimes autoritaires dans le monde a des effets immédiats sur la liberté de la presse, comme sur celle, physique, des journalistes, emprisonnés dès qu'ils investiguent là où ça fait mal.

Dans les pays anglo-saxons en particulier, des médias audiovisuels ultranationalistes attisent depuis des années les passions, les pulsions et l'agressivité en dénigrant en toute liberté ceux qui s'avisent de ne pas penser comme eux. Le Brexit a été fortement stimulé par les ululements de médias à grand tirage imputant tous les maux du monde à l'UE. Offrant un exutoire facile aux mécontentements les plus divers, cette stratégie n'a que trop bien fonctionné.

MARCHÉ ET RÉGULATION SE CONDITIONNENT MUTUELLEMENT

Le marché – la rencontre entre une offre et une demande – et sa régulation – l'affirmation de l'intérêt public – se conditionnent mutuellement : **pas de marché sans régulation**. Mais **pas de régulation sans marché** ! Déjà dans l'Antiquité, l'État se faisait garant des moyens d'échange (l'étalon monétaire, la vérification des poids et mesures) et contrôlait la loyauté de l'offre (qualités alléguées, hygiène et sécurité, probité...). Puis on a réglementé les taux d'intérêt, les relations de travail, les risques pour la santé et l'environnement...

À chaque fois, **il a fallu trancher entre profit à court terme pour quelques-uns et bien commun, et contrer des intérêts particuliers.** La difficulté de le faire face aux grands enjeux actuels souligne la faiblesse de l'État, alimentée par **cette croyance pourtant clairement démentie par les faits: que l'économie fonctionnerait d'autant mieux qu'on ne s'en mêlerait pas**[211].

Si bien que la sphère étatique reste bien trop timide face aux «paradis fiscaux», expression d'une prédation éhontée d'un petit cercle et qui prive chaque année les États de plus de 420 milliards de dollars de recettes[212]; face à des délocalisations sacrifiant les hommes et les territoires sur l'autel de la baisse des coûts; face aux licenciements économiques abusifs opérés pour augmenter marges et dividendes; face à la difficulté de trouver du travail quand on est trop jeune, trop âgé, pas assez qualifié, trop qualifié...

Le régime capitaliste, pour les motifs mêmes qui en sont le moteur – la recherche du meilleur rendement financier –, a besoin d'être en permanence encadré et surveillé.

Il a beaucoup été question ces dernières années de traités de libre-échange. De tels traités seraient hautement nécessaires. Mais pas pour déréguler davantage: pour mettre un terme à la sous-enchère écologique et sociale. Par exemple, en faisant des conventions de l'OIT un standard social universel[213]. Ou encore en rendant obligatoires les *Principes directeurs des Nations unies relatifs aux entreprises et aux droits de l'homme*[214] du Haut-Commissariat des Nations unies aux droits de l'homme ou les *Principes directeurs pour les entreprises multinationales*[215] de l'OCDE.

On ne peut que se réjouir que dans le sillage du Conseil des droits de l'homme de l'ONU invitant *« à une mondialisation socialement durable »*, l'Afrique du Sud et l'Équateur aient proposé **un traité sur la responsabilité des sociétés transnationales**.

Si les libéraux contemporains voulaient garder quelque crédibilité, ils devraient applaudir à de tels cadrages, sans lesquels la dynamique de l'économie de marché se retourne contre les valeurs de liberté, d'épanouissement et de dignité qu'elle est censée servir.

POUR UNE TERRITORIALITÉ POLITIQUE ADAPTÉE AUX ENJEUX

Le bon fonctionnement de l'État est un aspect, un autre est sa bonne adéquation territoriale. Le principe de subsidiarité s'applique à ses tâches, mais aussi à son déploiement territorial : **il s'agit de localiser le pouvoir de décision au plus près des enjeux du réel**. Qui vont du quartier au monde – en passant par les villes (dont de par le monde une quarantaine compte actuellement plus de dix millions d'habitants, soit davantage que la population de la plupart des pays), les provinces et les organisations supranationales.

Migration, évasion fiscale, course aux armements, gestion des océans, du climat ou de la biodiversité… toutes ces questions ne peuvent trouver de solution que dans la reconnaissance de leurs dimensions géographiques et de nos interdépendances.

L'idéologie héritée du XIXe siècle mettant sur un piédestal l'État-nation occulte tant le substrat local et régional que la nécessité d'une gouvernance plus vaste. Dans les deux cas, il n'est pas à la bonne dimension des enjeux à la fois globaux et locaux, se trouve en décalage.

L'unification politique européenne répond précisément à cette question de la taille adéquate des espaces de régulation. Mais tributaire des jeux de pouvoir d'États membres qui lui ont constamment fait porter le chapeau de ce qui n'était pas de son fait, le projet européen s'est rétréci dans la perception des peuples à un « grand marché », vécu bien davantage comme une menace que comme un territoire d'action partagé. La situation s'est complexifiée avec les régimes « illibéraux » à l'Est, qui conspuent l'Europe mais encaissent volontiers ses subventions.

Le philosophe Olivier Abel exprime parfaitement l'exigence qu'« *il est vital que l'Europe s'arrache à cet écrasement entre un plan technocratique et un plan démagogique, qui se renforcent mutuellement. (…) Dans ce double processus de mondialisation et de balkanisation, il faudrait trouver une forme de lien social qui autoriserait une réelle pluralité d'appartenances possibles (…) assez libres et plurielles pour que ces appartenances ne puissent devenir des incarcérations dans des communautés, des identités monolithiques et sans échappatoire*[216]… ».

D'UNE EUROPE HYBRIDE ET INSTABLE VERS UN VRAI ÉTAT FÉDÉRAL

Le mal dont souffre l'UE est son caractère hybride et inachevé : une sorte de confédération d'États, plutôt de gouvernements, à géométrie variable, aux procédures complexes et à la force de frappe restreinte. La sortie par le haut est d'en faire un vrai État fédéral, avec un pouvoir législatif, exécutif et judiciaire, même si l'on martèle depuis des décennies qu'une telle évolution serait « impensable » et « impossible ».

Des pays comme les États-Unis, l'Inde, le Brésil, le Canada ou l'Australie prouvent le contraire ; de plus, la moitié des États des États-Unis connaissent des éléments de démocratie directe, qui pourraient sans autre être généralisés dans l'ensemble de l'UE. Et c'était aussi ce qu'en France les Gilets jaunes avaient en vain réclamé.

En somme, il s'agit d'accomplir la mutation qu'a accomplie la Suisse en 1848 en passant d'une incertaine confédération à un État fédéral. Si la crise du Brexit pouvait déboucher sur une nouvelle dynamique européenne, elle n'aura pas été inutile.

L'action d'un Parlement européen élu par les citoyennes et citoyens des pays membres ? Éclipsée par le mensonge constamment répété de la bureaucratie de Bruxelles qui agirait telle une caste redevable à personne. Signe d'un possible renversement de tendance, les élections européennes du 26 mai 2019 ont été marquées par un regain de participation ; paradoxalement, la présence dans tous les États membres ou presque de listes europhobes a fait effet contraire, légitimant en l'animant l'espace de débat européen dont elles dénonçaient l'existence !

L'UE se réduirait au marché unique ? Mensonge, là aussi : les régulations en matière de concurrence, de politique économique, régionale, environnementale, sociale, agricole et de santé sont nombreuses et pour l'essentiel judicieuses et pertinentes, du moins tout autant – sinon davantage – que celles de passablement d'États membres.

Peut-être est-ce pour cela qu'elles sont stigmatisées comme abusives, dénoncées comme autant d'excès ? **Car on reproche à l'UE à la fois de trop réglementer et de trop libéraliser !** Oui, son bilan en matière de politique régionale, sociale, environnementale est bon, aussi bon qu'il peut l'être, celui en matière de démocratie et de droits humains aussi.

Ceux qui, rêvant de grandeur passée, en France, en Grande-Bretagne ou en Italie, **pensent que leur pays serait plus fort hors de l'UE se trompent lourdement d'époque**. Ses 500 millions d'habitants ne sont que 7 % de la population mondiale – mais elle représente un tiers du commerce mondial et ses normes comptent.

Divisée, morcelée en une poussière d'États, il n'y aurait guère de possibilités pour l'Europe de défendre dans le monde sa vision des choses, ses valeurs humanistes, sociales et écologiques, et ces Etats se sentiront rapidement bien seuls. Les « souverainistes » ne s'intéressant pas à ces valeurs, cet aspect leur est évidemment indifférent. Mais ce n'est pas forcément le cas de ceux qui les suivent.

Il faut se ressaisir. Sur notre continent, la souveraineté sera partagée ou ne sera pas ; le projet européen n'est rien d'autre qu'une souveraineté exercée en commun, le cadre indispensable à la poursuite de notre histoire commune dans un monde particulièrement incertain. Une Europe fédérale aurait une dimension comparable à la Chine, à l'Inde, à la Russie, aux États-Unis… s'inscrirait parmi les territoires capables d'agir sur le monde. Ne pas faire l'Europe, c'est gâcher cette chance.

Mais « faire l'Europe », ce n'est pas seulement se doter d'un territoire d'action politique à la bonne dimension interne et externe. C'est aussi consolider une convergence culturelle et politique, renforcer une identité européenne commune, en se demandant *« par quels rivages, par quelles formes de villes et d'habitat, par quelles manières d'être et d'être ensemble, par quelles saveurs culinaires partagées, par quels paysages, par quel enchevêtrement de mémoires tenons-nous à l'Europe*[217] *? »*.

Il est vrai que *« le sentiment d'appartenance culturelle a (…) été fort peu valorisé »*, ajoute Jean-Paul Demule[218]. Et la géographe Anaïs Voy-Gillis de souligner qu'*« il n'existe pas de récit européen ou, s'il existe, il est très faiblement diffusé, alors que chaque nation a construit son récit national. Les symboles, les grandes figures et les valeurs de l'Union européenne sont méconnus d'une majorité des citoyens européens.*[219] *»*

Et si les forces qui attaquent inlassablement l'UE, qui l'empêchent de dépasser ses ambivalences, n'avaient pas intérêt à son échec ?

Les Brexiteurs anglais, de se débarrasser des standards sociaux européens ? Les apprentis dictateurs postcommunistes de l'Est, quand ils mettent sous leur coupe la justice, les médias et les procureurs anticorruption, de ne plus être liés aux règles de l'État de droit ? Les néolibéraux, quand ils doivent se justifier devant les autorités anticartellaires, de la protection des consommateurs ou encore de la transparence fiscale de l'UE ? Les grandes et moyennes puissances applaudissant à la faiblesse d'un continent qui, uni, pourrait bien mieux leur tenir tête[220] ?

À nouveau, l'alliance objective entre populisme et néolibéralisme se fait sur le dos de ceux qui auraient le plus besoin d'un cadre garant d'équité.

NOMADES ET SÉDENTAIRES, UNE VIEILLE HISTOIRE

Durant la plus grande partie de son existence, l'espèce humaine était nomade et donc par définition migrante. Mais ses effectifs étaient peu nombreux et disposaient de vastes territoires. Aujourd'hui, une population de plus en plus dense se trouve cantonnée dans des espaces de plus en plus contraints. Et la migration a cessé d'être la règle pour **représenter une double difficulté : pour ceux qui partent et qui arrivent ; pour ceux qui sont déjà là**.

À l'ère de la sédentarité, elle est d'abord un déchirement : peu choisissent de partir dans l'allégresse de la découverte et de la confrontation à l'inconnu. Ou, s'ils le font, à l'image des conquistadores, ceux qui les verront débarquer ne seront pas à la fête… Deux siècles de prise de possession blanche en Australie et en Amérique l'illustrent.

Exutoire des surplus démographiques européens, ajoutant aventuriers, missionnaires, commerçants et délinquants aux émigrants de la misère, cette invasion coloniale fut parmi les plus destructrices. **Ce mouvement de population a brutalement décimé les habitants originels**, les rejetant vers les confins les plus difficiles d'accès ; le terme même d'Amérique latine est une imposture, **effaçant jusqu'au souvenir de leur existence**.

Pendant des siècles, les conditions économiques et sociales ne leur permettant pas de vivre au pays, de nombreux Suisses se firent mercenaires sur les champs de bataille ou cherchèrent un sort meilleur outre-mer[221]. On estime à près à un demi-million les personnes ayant quitté la Suisse au cours du XIXe siècle ! **Aujourd'hui, la perspective s'est inversée et sa prospérité fait de la Suisse un pays d'immigration.** D'abord par l'appel à des travailleurs (Italiens, Espagnols, puis Kosovars) pour des tâches dont les résidents ne voulaient plus. Puis, plus récemment, du fait des crises récurrentes au sud et à l'est de la Méditerranée.

Simultanément, sur notre continent, on a laissé se **vider de leur population de nombreuses régions**, accumulant les bâtiments inoccupés et les terres en friche, et **le vieillissement de nos pays entraîne un déséquilibre générationnel**. *A priori*, **une part d'immigration pourrait être bénéfique en termes de bilan démographique**.

Nous savons aussi que **le monde ne sera plus jamais blanc – et qu'il ne l'a jamais été : l'Europe n'est claire de peau que depuis quelques millénaires**[222]… Et comme l'écrit le préhistorien Jean-Paul Demoule, *« c'est peut-être lorsque les humains ne migreront plus du tout qu'il faudra s'inquiéter*[223] ».

Pourtant, l'arrivée, en 2015, dans un continent d'un demi-milliard d'habitants, d'un million de personnes en fuite du Proche-Orient, puis chaque année de migrants d'origine africaine, a puissamment renforcé l'extrême-droite dans le paysage politique européen. Alors que nous l'avons infligée durant des siècles, et avec quelle violence, à d'autres cultures, nous ne **sommes pas prêts à accepter la migration en provenance d'autres horizons.**

Les capitaux circulent, les marchandises aussi, nous de même, sauf périodes particulières, pour les loisirs ou le travail – et ce monde, nous pensons nous en abstraire ? **Nous sommes au quotidien reliés au monde à travers les produits qui nous entourent :** nos smartphones dont les composants viennent d'un peu partout, nos meubles, nos équipements, nos voitures, notre nourriture…

Est-il imaginable que la mondialisation soit à sens unique ? **On ne peut pas avoir recours aux ressources d'autres pays, s'y rendre, démarcher les étrangers au porte-monnaie bien garni et ignorer tout le reste.**

Alors que faire ? **Entre les situations objectives et le ressenti, il y a le facteur temps mais aussi la manière de faire. Les populations ont besoin de temps pour apprivoiser les effets des déplacements**, et c'est bien à travers diverses temporalités que les choses peuvent évoluer. **Refuser la migration est une illusion, mais prôner l'« ouverture » et crier à l'intolérance si les différences posent problème est tout aussi erroné.** Il nous faut passer d'une migration abordée à reculons, par la négative et sur la défensive, à une approche proactive et maîtrisée. La bonne gestion de cet enjeu va être un des défis majeurs des prochaines années.

Être prêts sur cette question est d'autant plus important quand on se représente l'ampleur du mouvement migratoire qui va résulter de la crise climatique et qui se manifeste déjà dans certaines régions fragiles. Dans le monde, près de 700 millions de personnes résident en zone littorale à moins de 10 mètres au-dessus du niveau de la mer, zone qui sera de moins en moins habitable dans les décennies à venir. Une partie de ces populations se tourneront inéluctablement vers ce Nord premier responsable de l'accumulation des gaz à effet de serre dans l'atmosphère[224].

Faisons donc notre possible pour agir bien plus fortement à la source des migrations forcées, en investissant davantage dans la prévention des conflits, la défense des droits humains et de l'environnement, et la coopération au développement durable[225] sur le terrain. Et si l'attitude devant la migration divise, l'action sur ses causes devrait pouvoir rassembler.

POUR UNE POLITIQUE ASSUMÉE

Chaque migration, surtout si elle survient dans un temps court, **peut être ressentie** par de nombreuses personnes **comme** une dépossession, **une attaque à leur identité, d'autant plus si les modes de vie et les repères culturels sont éloignés des leurs, et les arrivées nombreuses**. L'individu a ses références, ses habitudes, et voudrait volontiers garder celles d'autrui à distance. C'est humain et universellement répandu.

Il est essentiel de prendre ces réflexes au sérieux, et de ne pas banaliser ni enjoliver une situation qui n'est facile pour personne.

Tout commence donc par admettre que la différence peut faire peur et par ne pas stigmatiser cette peur ; mettre les difficultés sous le tapis n'est jamais une bonne attitude. Et par donner les réponses appropriées aux arrivants comme aux résidents.

La concurrence sur la place de travail ou dans le quartier, les incompatibilités, les agacements existent et ne peuvent pas être évacués par des accusations d'intolérance. **Plus on est précarisé, plus on a peur pour sa situation ; il y a là une dimension sociale évidente. C'est au nom de la justice sociale qu'il faut garantir les résidents d'une mise en compétition inégale, dont une migration non régulée peut se faire l'instrument.**

Le pays d'accueil doit pouvoir déterminer les effectifs qu'il estime en mesure d'accepter et fixer les objectifs correspondants en toute autonomie, mais aussi en prenant ses responsabilités face aux enjeux globaux. Il lui incombe de définir les règles valant pour les deux parties. *« Il faut que les anciens aient le tact de se pousser un peu pour laisser la place aux nouveaux venus, afin qu'ils puissent être à leur tour des habitants légitimes qui vont se sentir "chez eux". Mais il faut aussi que les nouveaux venus, les migrants ou les plus jeunes, sachent qu'ils arrivent chez quelqu'un qui se sent "chez lui", qu'ils respectent cela, et qu'ils fassent l'effort de comprendre et de s'approprier les codes, les usages, les langages, les traditions déjà là »*, souligne Olivier Abel[226].

Gérer l'intégration par le temps et par le nombre, en faisant que les immigrés puissent se rendre utiles – il y a tant à faire – **mais sans devenir concurrents des résidents**, est la première tâche. Trop souvent on les parque et attend que leurs cas soient traités.

Il ne faut aucunement relativiser, sous prétexte de reconnaissance de la diversité, la loi commune ou le processus d'intégration, il est important que chacun puisse le comprendre. Puis il s'agit, en prenant en compte les conflictualités possibles, de veiller à ce que les personnes puissent se connaître au-delà des clichés, trouvent une juste réponse à leurs préoccupations. Que fait-on de leur culture ? Il leur faut **s'intégrer à celle du pays d'accueil, mais ils ne doivent pas pour autant occulter la leur**. Pour traiter positivement les différences, la cuisine et la musique sont d'excellents vecteurs ; rares sont les personnes qui voudraient se priver de ces apports.

L'intégration, c'est ainsi garder une forme de différence, tout en s'intégrant. C'est un lent processus qui va faire évoluer les deux parties, nécessairement **selon les règles du pays d'accueil. Le vivre ensemble reste un équilibre délicat dont il faut prendre soin, où rien ne peut être laissé au hasard.**

Dans ce contexte se pose l'enjeu de là religion ou plutôt de sa forme agressive et intolérante, **l'intégrisme, que notre continent n'a que trop connue durant de longs siècles. C'est maintenant au tour de l'Islam de devoir se positionner sur ces mêmes questions : l'universalité et l'indivisibilité des droits humains, la liberté de croyance (y compris de non-croyance), le statut de la femme…**

Dans la loi islamique, en vigueur dans certains pays, sortir de l'islam reste passible de la peine de mort ; plusieurs autres infractions sont sanctionnées avec grande brutalité, des bastonnades et des amputations, entre autres. **Ce qui n'est évidemment acceptable nulle part au monde.** À ce sujet, sans qu'il nous faille adhérer forcément à cette symétrique, car notre référence doit rester l'Etat de droit et pas l'Etat confessionnel, Olivier Abel estime que *« nous devons menacer fermement les musulmans qui veulent rester prioritairement attachés à leur pays de les traiter chez nous comme leur pays traite les non-musulmans, et notamment les athées, les juifs, les chrétiens des diverses confessions, mais aussi les minorités musulmanes*[227] ».

L'UNIVERSALITÉ DES DROITS HUMAINS : À L'EXEMPLE DU TIBET

La Suisse a été parmi les premiers États à reconnaître la victoire de Mao en 1949. Mais aussi un des premiers à accueillir, en 1963, dans le sillage de la sanglante répression du soulèvement de Lhassa de 1959[228], des réfugiés tibétains, nouant ainsi un lien privilégié entre les Alpes et l'Himalaya. Aujourd'hui, quelque 7 500 Tibétaines et Tibétains vivent en Suisse, la plus grande communauté du continent.

Une bonne partie a désormais le passeport suisse. Leur présence nous rappelle ce qui est advenu de leur patrie : une vaste prison à ciel ouvert. Après soixante-dix ans d'occupation militaire, le peuple tibétain est devenu un étranger dans son propre pays et la prétendue « région autonome du Tibet » ne l'est aucunement. Une peur omniprésente caractérise la vie des Tibétaines et des Tibétains, des fouilles à domicile sont opérées pour détecter des images et des écrits interdits, un arbitraire étatique pénètre tous les aspects de la vie, des moines sont contraints de vilipender la figure sacrée du Dalaï-Lama.

Les gouvernements démocratiques doivent affirmer des positions claires, défendre les droits culturels, économiques et sociaux des peuples et des individus, affirmer l'universalité et l'indivisibilité des droits humains. **Et cesser d'être tétanisés par la puissance chinoise et inquiets pour les perspectives de bonnes affaires**

> **avec un des plus grands marchés du monde**, de vouloir plaire à un Président nommé à vie et dont le régime tient sous sa coupe un cinquième de l'humanité.
> **Il renvoie aussi aux méthodes de gouvernement de la Chine, faisant du peuple tibétain le premier témoin et la première victime des procédés du pouvoir chinois. Tout ce que ce pouvoir imagine, exécute et inflige à ses sujets est infligé bien plus lourdement encore au peuple tibétain, et le destin du Tibet est emblématique du destin des peuples et des cultures opprimées dans le monde; ce qui se passe au Tibet nous concerne tous[229].**

Agir sur les causes de la migration forcée, c'est en particulier aider les populations défavorisées du Sud à améliorer leurs conditions d'existence, afin qu'elles puissent **vivre dignement dans leur pays. Droit que chacun de nous revendique comme élémentaire pour lui-même.** Il est temps qu'on ne mette pas en opposition les besoins des plus démunis du monde et nos besoins sociaux locaux, car nous vivons tous sur la même planète!

La coopération n'est pas que l'affaire des agences officielles et des grandes ONG. À travers des projets citoyens de développement humain, culturel, économique, de gouvernance ou social, menés en concertation avec leurs destinataires, de nombreux partenariats visent à concrétiser l'accès aux droits économiques, sociaux et culturels internationalement reconnus[230]. Ces actions de terrain sont d'une efficacité remarquable[231] et méritent un large appui.

À noter que les critiques sur la coopération viennent essentiellement des mêmes milieux qui sont les plus réticents face à la migration. À croire que les liens entre les choses ne sont pas compris. **La coopération est un investissement crucial dans la stabilité du monde**, et est ainsi dans l'intérêt bien compris de tous.

Mais cet engagement a besoin **d'être accompagné d'une action contre la fraude fiscale, la corruption et les exportations inconsidérées des pays industrialisés qui fragilisent les producteurs du Sud, un soutien à la probité et à l'efficacité de l'État, un renforcement des capacités des pays de prendre leur destin en mains.** Un tout autre «ajustement structurel» que celui prôné durant trente ans et qui a vidé bien des États de leur substance.

En juillet 2015 s'est tenue à Addis-Abeba la *3e Conférence sur le financement du développement*. Tout en demandant une augmentation de l'aide publique au développement, le Programme d'action[232] qui y a été adopté appelle à *«n'épargner aucun effort pour réduire de façon appréciable les flux financiers illicites d'ici à 2030 en vue de les éliminer complètement, notamment en luttant contre la fraude fiscale et la corruption, en renforçant pour cela la réglementation nationale et en intensifiant la coopération internationale. Nous réduirons aussi les possibilités d'évasion fiscale et envisagerons d'introduire dans toutes les conventions fiscales des clauses réprimant les abus»* (§ 23).

Le programme ajoute (§ 25) : *«Nous préconisons en outre une mise à jour des conventions contre la corruption et leur ratification. Nous nous efforcerons d'éliminer les paradis fiscaux et tout ce qui crée des incitations au transfert à l'étranger d'actifs volés et de flux financiers illicites.»* Les volumes financiers concernés sont considérables.

Ainsi, Vera Songwe, secrétaire générale de la Commission économique des Nations unies pour l'Afrique, indiquait en janvier 2018 que *« 148 milliards de dollars sont drainés hors du continent par diverses formes de corruption, ce qui représente environ 25 % du PIB moyen de l'Afrique*[233] ».

S'agissant du manque à gagner fiscal, d'après Oxfam, sur le total mondial de 420 milliards, *« les paradis fiscaux coûtent aux pays pauvres au moins 170 milliards de dollars de recettes fiscales par an*[234] ». L'UE tient par ailleurs une liste noire et une liste grise des « paradis fiscaux »[235]. En plus de ces mesures qui attendent d'être appliquées, la suppression des subventions des pays industrialisés aux exportations agricoles libérerait un montant annuel de quelque 100 milliards de dollars. Leur fin avait été décidée en 2013 au sein de l'OMC[236] et réaffirmée, avec l'adverbe *« immédiatement »*, à sa 10e conférence interministérielle tenue à Nairobi en décembre 2015.

ORGANISER LA PLANÈTE, SERVIR L'HUMANITÉ

On peut estimer qu'une moitié des quelque deux cents États du monde ne répond pas vraiment aux standards d'un État démocratique et de droit, connaît arbitraire, abus, dysfonctionnements de diverses sortes, corruption et éthique défaillante. Une catégorie particulière regroupe les États évanescents, comme la Libye ou la Somalie, ou proches de l'être, comme le Liban, Haïti, le Yémen, le Sud-Soudan ou l'Afghanistan. 500 millions d'êtres humains vivent aujourd'hui dans des régions en conflit.

L'existence d'organismes supranationaux évite que ces lieux ne tombent dans l'oubli ou l'état fangeux et effrayant d'un territoire sans droit. Les êtres humains qui y vivent ont les mêmes droits que tout autre être humain, et tant la société civile mondiale que les organisations internationales ont la mission d'y veiller.

La perception de l'unité de l'espèce humaine dans la diversité, d'une solidarité globale, de la nécessité de gérer nos interdépendances et de concevoir la planète comme la patrie commune de l'humanité est le ciment et la garante des valeurs universelles de dignité et de durabilité. Ainsi que le dit le Dalaï-Lama : « *Chacun de nous doit apprendre à travailler non seulement pour soi, sa famille ou son pays, mais pour toute l'humanité. La responsabilité universelle est la clé véritable de la survie humaine*[237]. » C'est le combat politique majeur pour assurer le vivre ensemble sur cette Terre.

Chapitre 4

POUR UNE NOUVELLE RELATION AU MONDE

VIOLENCE CONTRE LA NATURE…

Les atteintes humaines à la nature sont bien plus anciennes que l'on croit. La métallurgie et les mines de l'Antiquité ont généré une pollution conséquente ; on n'en faisait pas cas, les travailleurs exposés aux dangers étaient des esclaves et l'horizon vaste. Mais en Attique, les forêts ont commencé à dépérir voici 2500 ans.

L'Empire romain, avec son immense besoin de bois pour la construction, le génie civil, la navigation (essentielle pour un empire dont le centre était une mer) et le chauffage, a eu un impact majeur. **Les garrigues et les maquis, les îles blanches et dénudées** si appréciées des touristes **sont le résultat de millénaires de coupes abusives.**

Plus tard, il n'a fallu que quelques décennies pour venir à bout du dodo de l'île Maurice, gros dindon incapable de voler[238] et dont ne subsistent que quelques spécimens empaillés ; quant aux habitants de l'île de Pâques, ils ont réussi, à peu près à la même époque, à la déboiser radicalement. Quelques siècles plus tôt, c'est l'Islande que les Vikings ont privée de presque tout son couvert arboré.

Si la nature n'a alors pas été plus détruite par les humains, ce n'est pas parce que ces derniers surent se modérer, c'est qu'avec les moyens de leur temps, ils ne pouvaient pas faire davantage de dégâts. Leurs comportements étaient aussi dictés par l'ignorance des capacités de charge des écosystèmes, et la possibilité de quitter relativement facilement les lieux dégradés pour d'autres cieux.

Mais les limites humaines devant les forces de la nature ont aussi inspiré d'ingénieux exemples de techniques adaptées : pentes converties en terrasses pour retenir les terres, architectures bioclimatiques, aqueducs et autres aménagements hydrauliques.

Aujourd'hui, notre pression sur l'environnement a immensément augmenté et nous lui portons gravement atteinte sur une large échelle, alors que nous aurions tout à fait les moyens de faire autrement – et l'excuse ni de l'ignorance ni de la nécessité.

… VIOLENCE ENTRE HUMAINS

L'espèce humaine se caractérise ainsi par une agressivité particulière, une forte volonté de conquête et de domination. Ces travers s'exercent aussi au sein de l'espèce. L'histoire de l'Occident est truffée de violences et de drames que des êtres humains ont infligés à d'autres humains. Mais aussi celle de la Chine, de l'Empire ottoman[239], des royaumes d'Amérique centrale[240] et de sociétés moins dotées techniquement et administrativement.

En réalité, toute l'histoire de l'humanité est une histoire de conflits, de batailles, de massacres, aussi loin que l'on puisse remonter dans le temps. L'espèce humaine est avec le loup la seule qui tue sans nécessité. Toutes les autres tuent pour se nourrir, et encore, seule une petite partie du vivant est carnivore.

En même temps, depuis des temps fort anciens, cette humanité brutale et cruelle a laissé de magnifiques œuvres témoignant d'une grande dextérité.

Comme ces statuettes, gravures et dessins des âges glaciaires, qui nous émeuvent encore aujourd'hui par leur expressivité et leur bienfacture.

Les plus anciennes connues dépassent les 30 000 ans – mille générations avant la nôtre –, et attestent d'une grande sensibilité et finesse d'exécution.

LES TRAVERS DE L'HOMME DUS À LA SOCIÉTÉ ?

Vieille question ! Pour beaucoup, l'ambiguïté troublante de notre espèce est due à l'ordre social. Son agencement autoritaire et inégalitaire serait mis en place par une minorité gardant la majorité sous sa coupe. Mais peut-on vraiment croire qu'une majorité « bonne » se laisse ainsi corseter depuis des millénaires par une catégorie particulièrement sans scrupules ?

Les humains ne sauraient être « bons » pris isolément, et « mauvais » assemblés. Ou y aurait-il vraiment deux types d'humains, les « bons », soit ceux guidés par le respect, le dialogue et le soin mis aux choses, et les « mauvais », régnant par la prédation et l'agression, les premiers étant les victimes désignées des seconds ?

> Il semble bien que cette ambivalence soit plus ou moins fortement présente au sein de la société humaine dans son ensemble, et c'est aussi la raison des règles que celle-ci s'impose pour assurer son bon fonctionnement. **Attention donc à ne pas se fonder sur une vision idéalisée de l'être humain, dont l'émotionnel peut passer rapidement de l'empathie à la haine, de l'affection à la colère.**

Les révolutions nous enseignent que quand une caste dirigeante est balayée, peu de temps après – en peu de saisons parfois – une nouvelle, issue de ceux ayant renversé l'ordre précédent, s'installe et ne se distingue que peu des façons de faire d'avant. Souvent aussi les **tentatives d'abolir la hiérarchie entre humains finissent par déboucher sur une hiérarchie informelle, régulée, elle, par aucune loi**.

Les 8 javelots magnifiquement taillés il y a 300 000 ans dans du bois de pin et aptes à toucher des cibles à 80 mètres, trouvés en Allemagne en 1995[241], **n'ont-ils servi qu'à atteindre des proies ou aussi à s'en prendre à des humains?**

Le sort du Néandertal, notre espèce cousine repoussée aux confins du monde ibérique où elle disparut voici quelque 25 000 ans – non sans avoir laissé quelques traces dans notre patrimoine génétique –, **ne doit-il rien à l'ingéniosité agressive d'*Homo sapiens*?** Le doute est pour le moins permis.

Bien plus près de nous, en même temps qu'on y jouait les chefs-d'œuvre de Bach ou de Mozart, l'Allemagne nazie exterminait des millions de Juifs, de Roms, de handicapés et d'autres catégories décrétées ennemies de la «pureté» de la «race aryenne».

Voici peu de décennies, au Cambodge ou au Rwanda, de parfaits pères de famille se sont mués en horribles tortionnaires fondant sur leurs amis et leurs voisins.

La sédentarité, l'organisation plus complexe des sociétés, les inventions successives ont été autant d'étapes jalonnées de violences[242]. Ainsi, **à l'âge des métaux, sous les signes du Taureau et du Bélier, la «vieille Europe» passa en quelques siècles de l'ancestrale Terre mère – la Pachamama des Andes – aux haches, cornes et boucliers des dieux masculins, le feu transformant le métal tiré des entrailles de la Terre[243] en lames qui tranchent, découpent, séparent.**

> **LA BOUCLE EST BOUCLÉE**
> Tout faire pour la survie de la tribu et d'elle seule: chasser en meute, suivre le chef ou le trahir, se montrer tour à tour compétitif ou coopératif, soumis et rebelle… **tout cela qui, durant des millions d'années, a assuré la survie des groupes nous conduit aujourd'hui à notre perte! On retrouve là le descriptif des réflexes régressifs de l'extrême-droite globale, que chaque crise semble réactiver…**

Pour d'aucuns, seule la fin du capitalisme permettra de sortir de cette logique perverse. Mais **les penchants rapaces se manifestent à travers tous les régimes politiques et économiques. Le problème n'est ici pas le capitalisme, mais la vénalité et l'égocentrisme de l'être humain, de beaucoup d'êtres humains, qui font renaître constamment la volonté d'enrichissement personnel, peu importent les droits de la nature et les besoins d'autrui.**

Ce n'est pas le capitalisme qui a produit le désir d'accaparement, c'est le désir d'accaparement qui a produit le capitalisme, et c'est cela même qu'il faut constamment endiguer.

Bref, *« nous nous comportons comme des êtres dotés d'un haut niveau d'intelligence mais d'un faible niveau de conscience*[244] ». La conflictualité inscrite dans notre potentiel anthropique détermine l'ambivalence des moyens que l'humanité se donne. **Aussi Einstein aimait-il à rappeler que nous sommes des Cro-Magnon dotés de la bombe atomique…** On ajoutera que s'ils l'avaient eue, nous ne serions pas là pour en parler.

Faut-il donc conclure que l'humanité est capable du meilleur et du pire dans des gradations propres à chaque individu et aux circonstances ? Dans ce cas, seuls des garde-fous solides permettront au vernis sociétal de tenir ; seule une régulation patiemment construite, ferme, dans laquelle le grand nombre se reconnaît, peut, tout en étant en permanence menacée, encadrer ces mauvais côtés et promouvoir de bonnes dispositions.

UNE CLÉ : RETROUVER UN LIEN SPIRITUEL

Simultanément, au fil des millénaires, l'humanité s'est coupée de sa symbiose avec la nature, de l'ancestral lien avec le monde. Alors que, suivant le sage soufi malien Tierno Bokar (1875-1940), *« nous ne devons nous croire ni supérieurs ni inférieurs aux autres êtres de l'univers, quels qu'ils soient*[245] », en projetant sa spiritualité sur une figure divine unique, l'humanité n'a pas réussi à refuser la tentation de vouloir lui ressembler, de se prendre pour Dieu.

Le triomphe du matérialisme, puis du positivisme[246], a conduit à décrédibiliser la religion. Pour deux représentants de la pensée scientiste que sont Marx pour les mouvements de la société et Freud pour ceux de l'âme, ce n'étaient là qu'illusions ou échos déformés de pulsions ancestrales. Mais à travers les emballements de la « modernité », relève le grand historien des religions Mircea Eliade, *« la nostalgie d'une communion mystique perdue avec la nature hante toujours l'homme occidental*[247] ».

La pratique religieuse se présente sous deux expressions très contrastées. D'une part, comme un ensemble de prescriptions qui ne se discutent pas, de règles implacables mais rassurantes, pourvoyeuses d'identité et de salut. D'autre part, comme la réalisation de l'aptitude anthropologique à être à l'unisson du monde et à réaliser la part divine au sein de tout ce qui est - perception coexistant avec les modes de perception scientifique et artistique.

À travers ses visions et ses deux décennies sans nourriture terrestre, Nicolas de Fluë (1417-1487) illustre ce que peut signifier un vécu spirituel. Vécu qui l'a conduit à se retirer des humains tout en se mettant à leur service, puisqu'il a été l'artisan, à un moment critique de leur histoire, de la réconciliation entre Suisses[248].

Se libérer des attaches avec le monde pour agir pour le bien en ce monde est un des signes de l'accomplissement. Dans le bouddhisme, l'être libéré vient ensuite en aide aux créatures et soulage leurs souffrances.

La ligne de partage entre ces deux conceptions du fait religieux, que la tradition distingue sous les appellations exotérisme et ésotérisme, pratique extérieure et pratique intérieure, est celle entre la lettre et l'esprit, entre spiritualité comme canal d'une aptitude humaine à la participation holistique, et fixation sur les textes de la loi. Ce sont les soufis que les intégristes islamistes détestent le plus…

Pour ce qu'on sait de la religion des origines, au début, tout est spirituel, le divin est partout, esprit et matière ne sont pas séparés (c'est le panthéisme), et il n'y a alors que l'ésotérisme. **L'animisme et le chamanisme représentent cette perception des choses jusqu'à nos jours** et c'est aussi ainsi qu'on peut comprendre l'art préhistorique[249].

Puis les diverses facettes de l'existence ont été spécifiées, séparées et réparties entre autant de divinités, c'est la phase de la multiplicité des dieux, caractéristique tant de l'Antiquité (voir la mythologie gréco-romaine, celtique ou germanique) que de l'hindouisme (c'est le panthéon). L'Américaine d'origine lituanienne Marija Gimbutas (1921-1994[250]) situe ce retrait du divin de la nature et sa projection sur un panthéon de personnes divines à l'âge des métaux, quand la domination masculine s'est imposée[251].

Enfin, dans un 3e mouvement, ce foisonnement de divinités a été concentré sur un seul dieu, distant quoique implorable, omniscient et omnipotent : le monothéisme était né, inscrivant le spirituel dans cette perception[252]. **C'est aussi une référence parfaite à l'idéal politique de ces temps : un roi puissant, récompensant et punissant. Et à l'unité ressentie corps et âme avec la nature succède l'appel biblique à se l'assujettir[253].**

Au IVe siècle, en moins de quatre-vingts ans, évolution prémonitoire, le christianisme a passé de persécuté à persécuteur, et, reprenant tant la structure diocésaine que la langue de Rome, en a assuré la succession[254]. **Puis il a accumulé croisades, inquisition, autodafés, massacres des « hérétiques » et des « sorcières » (les survivantes de l'ancienne religion païenne), et conversions forcées.**

Durant deux siècles, catholiques et protestants se sont plus entretués que tolérés. Henri IV – comme trois cent cinquante ans plus tard Gandhi – a été assassiné par un fanatique lui reprochant d'avoir embrassé le catholicisme par opportunisme, alors que ce n'était que la conséquence de son dédain pour les clivages confessionnels. Juste retour des choses : dans la conscience populaire, le bon roi est resté l'exemple du dirigeant avisé et bienveillant[255].

Puis, sans renier ce millénaire et demi d'exclusivité chrétienne, nous avons fini par comprendre que la croyance est une affaire personnelle et non d'État, et sommes sortis de cette obsession à vouloir imposer une foi. Mais la dérive du fanatisme continue de sévir à des degrés divers, au sein toutes les religions, les dénaturant et trahissant leur message ; il est détestable dans toutes ses manifestations.

Jamais une religion ne doit prendre le pouvoir ; chaque fois qu'elle l'a fait, elle s'est abîmée ; même le bouddhisme réputé pacifiste se révèle dans ce cas pareil à tous les autres, comme cela peut se voir au Sri Lanka ou en Birmanie. **La religion ne doit pas davantage interférer avec la méthode scientifique – s'y aventurer est l'erreur des créationnistes ; quant**

à la science, elle doit admettre ne pas avoir de prise sur des notions comme l'infini, l'éternité ou l'origine des choses – le nier est l'erreur des scientistes.

Aujourd'hui nous avons besoin d'activer nos aptitudes spirituelles pour nous accompagner sur le chemin d'une vraie humanité, pour nous sortir de notre fatale ambivalence et nous conduire à l'union avec le monde, c'est là la vraie fonction de la religion.

RETROUVER LE SENS DE L'UNITÉ

Notre planète nous donne tout pour bien vivre. Nous y trouvons de l'eau pour étancher notre soif, qui est celle de tout ce qui vit. De l'air pour respirer. Une multitude de plantes et d'animaux pour s'en nourrir matériellement et spirituellement. Un climat qui permet (ou doit-on déjà dire permettait) à la vie de prospérer. Un sol fertile, qui s'offre à nos bons soins. **Des ressources à explorer, à valoriser équitablement et prudemment.**

Pour mettre à profit ce magnifique cadeau du Ciel qu'est notre Terre, il s'agit de faire de cette planète qui nous fait vivre, qui nous est confiée, un jardin et non un désert, un lieu d'harmonie[256] et non d'une lutte incessante. Faire fructifier l'arbre de la vie ou le saccager, le faire périr, et périr avec lui… Aussi important que soit l'exercice de la responsabilité, c'est au cœur de notre propre nature que doit se faire la guérison de notre ambivalence.

Une spiritualité vécue nous offre la chance d'une revisitation du monde, d'accueillir sa réalité qui est en nous et nous en lui. **S'en prendre à la nature, c'est s'en prendre à soi – une vraie déchirure; l'on ressent alors dans sa chair la souffrance de la créature innocente et dans son esprit l'infinie tristesse de sa destruction[257].**

L'unité transcendante de toutes les religions est dans ce qui est leur commune raison d'être: la spiritualité vivante, effective, dans un éternel présent, comme le soulignait Frithjof Schuon[258]. Soufis, mystiques chrétiens, néopaïens, chamanes de toutes les terres[259] et de tous les temps, mystiques orientaux, tous traitent du même vécu, de ce *«sentiment d'être connecté avec l'ensemble de l'univers, avec tous les êtres sensibles vivant sur cette Terre[260]»*.

Que l'on écoute Paul Gérôme et ses anatomies fantastiques[261], Corine Sombrun authentique chamane contemporaine, Maud Séjournant et son cercle de vie[262], Eliade, Jung ou Guénon[263], leur cri est le même: nous faisons fausse route. Nous ne vivons pas pour avoir mais pour être, poursuivent-ils. **Être dans l'unité est notre vraie vocation humaine.** Ils nous rappellent que l'essentiel est notre résonance avec la Terre et ses rythmes; la compassion avec les humains et tout ce qui vit en résulte naturellement. Il n'y a rien à dominer puisque rien de ce qui est important ne peut nous être enlevé et est déjà en nous.

Reprendre ses esprits, retrouver nos équilibres, notre lien intrinsèque avec ce qui nous entoure et nous constitue, c'est **aussi renouer avec ces peuples qui sont les témoins de la seule réalité qui compte: celle qui a franchi l'épreuve du temps – les peuples premiers, héritiers des origines, gardiens de la**

vie. Peuples racines[264], intimement guidés par la conscience du lien entre toutes choses, ils ont tant à nous apprendre, même si eux aussi n'ont pas résisté à la tentation de la violence entre les humains. Au moins ont-ils respecté les capacités productives de la nature, sinon ils auraient disparu depuis longtemps et, comme le dit Maud Séjournant, «*si on avait gardé ce regard des peuples premiers, on n'aurait pas massacré les animaux, les végétaux ou les minéraux*».[265]

Chercheurs et anthropologues ont aussi pu **identifier des moments bénis dans l'histoire de l'humanité, où les humains paraissaient en paix avec eux-mêmes**: la Vieille Europe, l'Égypte et le monde méditerranéen ancien (Crête, Santorin...), la Chine et l'Inde du Ier millénaire, le Japon ancien, l'âge du fer européen... peut-être l'Empire romain, les équilibres durables trouvés par les peuples autochtones du monde... Autant de sources d'inspiration.

Oui, il existe diverses façons d'être humains! Un nouvel équilibre entre la nature et l'humanité passe par de nouveaux équilibres au sein de l'humanité et au sein de nous-mêmes.

Notre plus grande épreuve nous attend: grandir enfin, prendre acte de notre situation, déprogrammer les réactions instinctives qui nous conduisent désormais à notre perte, en nous percevant comme partie indissociable d'un tout. Ce que je fais à une partie, je le fais au tout; ce que je fais à la nature ou à autrui, je le fais à moi-même. En d'autres termes, il s'agit de passer de la conquête de la Terre – désormais accomplie au-delà de toute attente et de toute nécessité – à sa bonne gestion – qui reste à faire, au vu du désordre que nous y avons mis. Mais être en paix avec la Terre nécessite d'être en paix avec nous-mêmes.

Chapitre 5

10 PROPOSITIONS POUR RÉÉQUILIBRER LE MONDE

Les éléments développés dans les chapitres précédents nous conduisent à mettre en discussion dix mesures pour retrouver de justes équilibres :

1. Inscrire les activités humaines dans les capacités de production de ressources de la nature et de digestion des déchets (empreinte écologique), intégrer clairement les prestations de la nature dans les calculs économiques (services écosystémiques) et pénaliser par l'internalisation de ces coûts dans les prix leur non-respect. Réserver assez d'espaces pour les espèces qui nous font vivre, introduire une taxe mondiale sur le gaz carbonique, privilégier les ressources renouvelables et garantir leur renouvelabilité, protéger et promouvoir la fertilité naturelle des sols, passer à l'économie circulaire et de la fonctionnalité (réparabilité, optimisation des durées de vie, réutilisation des matières, mise à disposition d'utilités et non vente et accumulation d'objets).

2. Assurer un emploi pour toutes et tous, en orientant l'investissement privé et public vers des activités écologiquement et socialement positives, en décrétant un revenu minimum garanti et un maximum admis, le tout dans le sens des objectifs de développement durable définis par les Nations unies.

3. Fonder l'économie sur le critère de l'inclusion et de l'utilité de ses activités. Le marché ne peut être le seul décideur ; il s'agit d'assurer le juste prix, en intégrant les coûts écologiques et sociaux des diverses possibilités d'offres de biens et de services.

4. Garantir l'égalité de chances par une formation, un accès au crédit, au logement, à une propriété responsable pour toutes et tous.

5. Promouvoir une relocalisation des activités économiques, de façon à autonomiser au maximum chaque territoire, à créer des emplois pérennes, à valoriser les compétences locales ; généraliser l'approche du commerce équitable à l'ensemble des échanges économiques ; concevoir les déplacements de biens, de services et de personnes dans ce contexte.

6. Généraliser l'agroécologie comme seule façon de nourrir sans détruire les bases naturelles de production une humanité en nombre croissant, tout en maintenant un peuplement paysan décentralisé. Créer là aussi des emplois non délocalisables et pérennes.

7. Établir à partir des documents internationalement convenus une charte mondiale des droits et des devoirs humains, qui soit acceptée dans toutes les cultures, par tous les pays, et la faire respecter par une entité chargée de protéger les titulaires et de sanctionner les violations. Un État capable d'action forte est nécessaire mais ce doit impérativement être un État de droit, dont les actions sont sanctionnables. La diversité individuelle, communautaire, culturelle est respectée dans le cadre de cette loi commune, et une organisation décentralisée favorise la cohabitation de peuples, ethnies et cultures différentes.

8. Développer une culture participative et d'information complète et éclairée des populations, au sens des meilleures pratiques de l'éthique journalistique. Les médias n'ont pas que la fonction de distraire mais aussi celle de soutenir la citoyenneté participative (journalisme de solutions).

9. Soumettre la mise en œuvre du progrès technique à des mécanismes d'évaluation anticipée et édicter globalement et localement les modes d'emploi écologiquement et socialement adéquats.

10. Construire une capacité d'action publique à la hauteur géographique des enjeux. Faire vivre et développer les systèmes de monitoring, d'information, de sensibilisation, de négociation, d'action concertée supranationaux, renforcer l'UE et les Nations unies. C'est la seule possibilité d'avoir prise sur des enjeux tels que la gestion des flux financiers transnationaux, la lutte contre les « paradis » fiscaux, l'accompagnement et la prévention de la migration forcée, la prévention et la mitigation du changement climatique, la gestion durable de la biodiversité terrestre et marine, la protection de l'atmosphère ou les inégalités de développement.

Cette extension du levier étatique nécessite des mécanismes de redevabilité et de contrôle démocratique efficaces. La régulation des offres et échanges commerciaux, la lutte contre les « paradis fiscaux » et les abus financiers, doivent permettre d'aligner les pratiques économiques et sociales sur les conventions internationales sur les biens environnementaux et les protections et droits sociaux de base.

RENÉ LONGET
NOTICE BIOGRAPHIQUE

Né le 12 avril 1951 à Genève, René Longet s'est très tôt investi dans la défense de l'environnement et le développement durable sans perdre de vue la place et le rôle de l'humain dans son écosystème. Voici quelques dates et fonctions marquantes de sa vie tant professionnelle que personnelle.

Années 1970 : Études et Licence en lettres (allemand, histoire, français), université de Genève, puis enseignement et traduction.
Années 1980 : Rédacteur et traducteur au WWF Suisse.
1985-2001 : Directeur romand de la Société suisse pour la protection de l'environnement, devenue en 2002 Équiterre, partenaire pour le développement durable, président de 2001 à 2011.
1992, 2002 et 2012 : Membre de la délégation suisse aux sommets mondiaux de l'ONU du développement durable.
1973-1982, 1993-1999 : Député au Grand Conseil du canton de Genève, membre du bureau.
1982-1991 : Conseiller national, membre du bureau.
1999-2011 : Conseiller administratif (exécutif) de la Ville d'Onex, maire à cinq reprises.
2018 : Administrateur provisoire (exécutif) de la Ville de Vernier.

Il a été membre de nombreuses commissions d'experts et comités dans le domaine de la durabilité.

...

...

Depuis 1996 : Membre du conseil de la Fondation du Docip (Centre de documentation, de recherche et d'information des peuples autochtones), président depuis 2015.
2001-2019 : Président de la Commission d'information et de suivi (CIS) de l'assainissement de la décharge industrielle de Bonfol (JU), puis, dès 2019, membre du conseil de la fondation Art, Mémoire et Forêt Bonfol.
2012-2015 : Responsable du bureau romand de la Fondation Pro Juventute.
Depuis 2010 : Membre du comité genevois de la semaine du Goût, devenu en 2020 comité de l'Association genevoise pour la promotion du goût, vice-président.
Depuis 2011 : Membre de la Commission consultative de la diversité biologique du canton de Genève, président depuis 2018.
Depuis 2012 : Membre du conseil d'administration de Services industriels de Genève (SIG), vice-président, représentant de SIG auprès d'autres sociétés depuis 2013 (Énergie Ouest-Suisse Holding, EOSH) et Alpiq (2013-2020).
Depuis 2012 : Membre du comité d'Après, le réseau de l'économie sociale et solidaire à Genève.
Depuis 2013 : Président de la Fédération genevoise de coopération.
Depuis 2018 : Coresponsable de la section romande de la Société d'amitié suisse-tibétaine.

René Longet a partagé et partage encore ses idées et son expérience dans de nombreuses publications (plus de 20 livres) et articles, dans des conférences ou des cours.

TÉMOIGNAGES

“ Il est un proverbe burkinabé qui dit:
« Un sage assis voit plus loin qu'un jeune debout. »
Alors que se passe-t-il si le sage est debout?

C'est ce que j'aimerais juste expliquer:
Les témoignages suivants montrent que vous connaissez toutes et tous bien René et que vous avez partagé avec lui des combats, des expériences de vie, des défaites, mais aussi des victoires, des émotions fortes.
Vous appréciez aussi son humilité et sa simplicité.
Alors pourquoi tous ces éloges?

Le coupable c'est moi!

René est une personnalité de consensus qui sait mettre en relation, créer des liens, s'ouvrir à des horizons différents en ne cherchant jamais le conflit, la confrontation. Dans sa vision du monde qui privilégie le social, le solidaire, le responsable, l'environnement dans une attitude de compassion et de résilience, il nous rappelle que nous avons toujours – et même toujours plus – besoin de ces valeurs pour vivre dans une société de sens partagé!

Le texte de René – comme ses engagements – sont une synthèse de cette vision qui réunit; et debout, plus grand qu'un jeune, il repousse pour celles et ceux qui cheminent avec lui l'« effet horizon », cette limite à notre vision du monde qui est d'autant plus proche de nous que nous sommes parfois (ou trop souvent) assis !

Alors pour les 70 ans de René, c'est mon apport pour contribuer à repousser l'« effet horizon » et ne pas se laisser dérouter par l'« effet myopie » !

Et comme René : Levez-vous ! Levons-nous !

Jacques Maire, fondateur des Éditions Jouvence

« C'est au début des années 1990 que j'ai connu René, à l'occasion d'un colloque sur les forêts tropicales et leurs habitants. Considérant que le développement durable et la promotion des droits des Peuples autochtones vont de pair, il s'est dès lors engagé au Docip (Centre de documentation, de recherche et d'information des Peuples autochtones) en tant que vice-président puis président. Notre fondation, créée à l'initiative des délégations autochtones à l'ONU, fournit à celles-ci des services tels qu'elles les souhaitent afin de faciliter leur travail au sein des instances internationales. Respectant leur autodétermination, le Docip n'interfère en aucun cas dans leurs choix stratégiques ou politiques. Impartialité, collégialité et réciprocité (donc égalité : elles nous appuient lorsque nous les sollicitons) sont nos principes de base. Merci à René d'avoir mis tant d'énergie et de compétence au service du Docip et des Peuples autochtones, ceci, depuis des temps presque immémoriaux !

Pierrette Birraux, membre du Bureau
et membre du Conseil de fondation du Docip
Directrice scientifique de 1990 à 2011

© Aurélien Stoll

« Lorsque j'ai rencontré René Longet, ce qui m'a tout de suite frappé chez lui c'était son ouverture d'esprit, son absence totale de dogmatisme et son humanisme qu'il partageait activement avec son épouse.
Son ouverture d'esprit s'affirmait simplement lors de chaque visite à la librairie arabe *L'Olivier*, son intérêt pour les cultures du monde et en particulier sa connaissance approfondie des musiques du monde. Cet intérêt était évident lorsqu'il participait à des concerts que nous organisions ainsi qu'à des conférences qui l'intéressaient.
Par la suite, j'ai découvert son indépendance d'esprit dans son engagement pour différentes causes ; sa sensibilité aux questions de l'environnement, des inégalités sociales et de la reconnaissance des femmes ; son action, dans une perspective de réflexion globale, pour la protection environnementale et contre le nucléaire.

J'ai pu constater cette même clairvoyance, alors que j'habitais la ville d'Onex, dans sa façon de choisir ses collaborateurs.
Lorsqu'en 2006, René Longet, maire d'Onex, m'a invité à lire le pacte du Grütli lors de la cérémonie du 1er août à laquelle participait Mme Calmy-Rey, j'ai ressenti un grand honneur. Du fait que je n'étais pas encore suisse, j'ai pu constater une fois de plus sa largesse d'esprit.

Alain Bittar, Fondateur de la Librairie arabe l'Olivier et directeur de l'Institut des cultures arabes et méditerranéennes (ICAM)
Président-fondateur de l'Édition arabe du « Monde Diplomatique »
Médaillé de la « Genève reconnaissante», 2006

« René, c'est un homme pour qui vivre rime avec responsabilité. Je l'ai connu dans les années 1980, alors qu'il dirigeait la section genevoise de la Société suisse pour la protection de l'environnement (SPE). Je voulais m'impliquer bénévolement, et il m'a tout de suite fait de la place, alors même que j'arrivais la bouche en cœur. C'est là une de ses forces : projeter plus loin et ne jamais décourager une personne désireuse de s'engager ; recueillir patiemment les gouttes qui finiront par faire le petit ru, puis la grande rivière. Depuis nous n'avons cessé de collaborer par intermittence, à la Fédération genevoise de coopération, puis moi en tant que journaliste interviewant le politicien, ou lui en tant qu'auteur pour la revue *Choisir*. Alliant force de travail puissante et généreuse fidélité à son réseau et ses idées, René est resté à mes yeux, au fil de ces nombreuses années, « une valeur sûre » en termes d'expertise. Bon anniversaire René !

Lucienne Bittar, rédactrice en chef de la revue culturelle *choisir*

« Il est des êtres qui nous accompagnent dans la vie ; des êtres qui interrogent, qui éclairent, qui stimulent le questionnement des actes que l'on accomplit ; un peu comme le philosophe qui stimule la maturation de notre pensée.
René Longet est de ceux-ci.
Ma rencontre avec lui a eu lieu il y a une trentaine d'années autour de la rédaction de ce qui allait devenir la première charte du développement durable du canton de Genève. Ce fut pour moi un moment décisif. Pour l'anecdote, je reconnais avoir été, en tant que viticulteur bien attaché à ses racines, un peu déstabilisé dans ce groupe de réflexion plutôt intellectuel. Je craignais que la notion de durabilité, naissante à l'époque, ne tombe dans un « fourre-tout » idéologique, loin de tout pragmatisme nécessaire à une mise en œuvre effective. Je ne manquais pas de rappeler régulièrement que l'économie se devait d'être une composante aussi importante que l'environnement et le social. Par la suite, de nombreux écrits de René ont continué de m'accompagner dans une voie empreinte de cohérence et d'équilibre. Merci à toi.

Nicolas Bonnet, viticulteur à Satigny

« René Longet est, pour moi, l'un de ces « tisserands » dont le philosophe Abdennour Bidar dit qu'ils œuvrent à réparer la toile déchirée du vivant et à construire le monde de demain. Le fil qu'il n'a cessé de tisser depuis plusieurs décennies est celui de la durabilité. Un mot dont il souligne avec justesse le « non-sens » dans sa déclinaison faible (« l'intersection entre l'économique, l'environnemental et le social ») et l'importance de sa variante forte : la transition vers des sociétés respectueuses des limites de la planète. Si l'humanité est à la croisée des chemins, René a toujours été au carrefour de plusieurs mondes entre lesquels il a construit des ponts : le développement durable et la solidarité internationale, la Suisse et les Nations unies, les droits humains et l'écologie, la société civile et les institutions politiques. Avec toujours – porté par une vision globale et la quête de la cohérence des politiques – une capacité remarquable à allier la réflexion éthique et l'expertise technique, les idées et les pistes concrètes. Ce qui m'impressionne n'est pas seulement la persévérance de son engagement, mais aussi l'espérance et la foi dans le meilleur de l'humanité qui l'animent. Une qualité qui me touche plus particulièrement est son ouverture à la spiritualité, dont il ose affirmer haut et fort la nécessité. Pour reprendre certaines de ses expressions, on ne pourra pas en effet opérer la mutation vers la sobriété joyeuse – seule alternative crédible à la démesure du système dominant – sans être portés par des « valeurs supérieures », sans accomplir notre « vraie vocation humaine » qui est d'être en « résonance avec la Terre » et de « réaliser la part divine au sein de tout ce qui est ». Merci, René !

Michel Maxime Egger, sociologue, écothéologien et auteur, responsable du Laboratoire de transition intérieure

« René Longet a su associer une carrière politique précoce à un brillant parcours intellectuel. En effet, il a été l'un des plus jeunes conseillers nationaux représentant Genève à Berne dans les années 1980. Il a aussi siégé au Grand Conseil genevois, puis à l'exécutif de la Ville d'Onex où il a pu démontrer ses talents de dirigeant d'une commune au service du bien commun. Il a illustré à merveille l'adage selon lequel il faut « penser globalement et agir localement ». Mais un des traits marquants de son engagement est d'avoir, comme socialiste, très tôt mis en avant sa sensibilité et des projets en faveur de la défense de l'environnement et des objectifs du développement durable. Dans ses différentes fonctions, René Longet s'est toujours montré à la fois fédérateur et instigateur de réflexions et d'initiatives qui nous ont fait progresser.

Laurence Fehlmann Rielle, conseillère nationale PS/GE

« Merci René,
René Longet c'est d'abord une rencontre grâce à Natacha Litzistorf, une femme engagée exceptionnelle, dans le cadre d'un projet qui nous a tenu tous les trois très à cœur : Juragenda 21, l'agenda du développement durable de la République et Canton du Jura que j'ai eu le plaisir et l'honneur de servir en tant que ministre de l'Environnement et de l'Équipement de 1993 à 2002.
René Longet c'est avant tout le définir comme un humaniste humain. Au premier regard on se plonge dans ses yeux malicieux, soulignés par un timide sourire légèrement caché par une petite barbe rebelle. Ensuite, il nous surprend par sa voix douce. Enfin, il écoute, il observe et finit par nous séduire, nous convaincre.
René Longet m'a beaucoup appris : l'humilité devant les grands enjeux environnementaux de notre planète, le sens du bien commun, la persévérance et surtout la volonté ferme de résoudre les problèmes de manière consensuelle mais sans jamais renoncer à l'amélioration des conditions de vie de l'Homme et de la Nature.
René Longet m'a permis de vivre des moments riches de partage et d'échanges et de mener à terme des projets aussi complexes que l'assainissement de la décharge chimique de Bonfol.
Enfin, René Longet c'est le souvenir de rencontres et de débats fructueux au Sommet de la Terre à Johannesburg en 2002.
Nous avions la ferme intention de changer le cours de l'Histoire en compagnie des « Grands » de ce monde et notamment de Nelson Mandela. C'est un des merveilleux points communs que nous avons ensemble : rêver les yeux ouverts.

Pierre Kohler,
ministre de l'Environnement
de 1993 à 2002

René Longet, magicien de l'agir ensemble

René Longet a un charisme rare, celui de savoir rassembler quelles que soient les circonstances. Je me souviens d'une conversation avec Pierre Rabhi qui me partageait le fait qu'il était souvent appelé à intervenir pour régler des conflits au sein de collectifs et d'associations. Il se sentait démuni et impuissant à ce propos, la charge émotive étant souvent impossible à circonscrire. Permettez-moi de témoigner de la façon simple et sensible dont René Longet procède. Permettez-moi d'un cas particulier de tirer un savoir-faire précieux, généreux et opératif. Et ceci en quatre temps. Dans sa posture de base, René est guidé par sa vision clairvoyante et inébranlable des défis à relever. Dans ses propos et son attitude, à aucun moment il ne va prendre parti. Il repose inlassablement la question du but, des fondamentaux, de l'origine et de l'intention de départ. Ayant reformulé le périmètre de l'engagement de chacun, il parvient à créer, au-delà de toute divergence, un point de convergence. C'en est presque magique, tant on parvient à voir, au cours de ce processus, les murs tout aussi infranchissables qu'invisibles des on-dits, non-dits, a prioris ou croyances limitantes se désintégrer sous nos yeux. Ce travail de déconstruction est nécessaire pour permettre enfin l'émergence du neuf. De sa baguette magique, René fait jaillir de faibles lueurs d'espoir, qui prennent de plus en plus corps. Le champ de nouveaux possibles étant ouvert, reste l'ultime étape. Comment sceller cette nouvelle possibilité d'avancer ensemble, en toute créativité ? Par le verbe fédérateur. En demandant aux protagonistes de raconter l'histoire ensemble et non désunis, René Longet permet à la graine de nos initiatives de fleurir. Merci.

Geneviève Morand,
fondatrice des Cercles Rezonance
Chargée de cours Fribourg École de Management
Experte Center for Entrepreneurship & Innovation

“ René Longet a toujours été pionnier. Aussi longtemps que je me souvienne, c'est-à-dire depuis les années 1980, et même avant, il a toujours établi le lien entre la question sociale et la question environnementale. Et il a toujours souligné le lien très clair entre le niveau national et l'ancrage international. Aujourd'hui, cela paraît une évidence : sans justice sociale, sans répartition équitable des ressources et des revenus, les problèmes environnementaux ne pourront être résolus. En effet, si les plus riches accaparent tant de ressources, les plus pauvres seront obligés, à leur tour, de lutter pour les dernières ressources naturelles, poussant l'exploitation de la planète au-delà des limites du supportable. D'autre part, la relation inverse est également vraie : si, pour assurer la prospérité du plus grand nombre, l'humanité pille les ressources naturelles de la planète, il sera impossible d'assurer des conditions de vie décente pour tous les humains.
René avait compris cela bien avant d'autres. Portant cette synthèse dans la pratique politique quotidienne, il m'a beaucoup inspiré et a contribué à mon engagement socialiste et environnemental. Je lui souhaite et je nous souhaite qu'il puisse s'engager de manière aussi productive pendant de longues années encore.

Roger Nordmann, conseiller national, président du groupe PS

" J'ai eu le privilège de suivre René depuis plus de quarante ans et d'apprécier sa personnalité extraordinairement riche.
Notre préoccupation commune concernant la préservation de l'environnement l'emportait sur tout ce que la politique politicienne aurait pu séparer. Il en est allé de même pour l'action en faveur du monde en développement, qu'il s'agisse de contributions cantonales, fédérales ou privées.
L'engagement de René s'est encore manifesté à travers des articles dans la presse et dans la publication de plusieurs livres sur d'importantes questions de société.
En parallèle, il a participé au gouvernement d'une ville importante, manifestant ainsi sa préoccupation de résoudre les problèmes de la vie de ses concitoyens.
La contribution de *L'Humanité à la croisée des chemins* vient à son heure. Merci René.

Gilles Petitpierre, ancien conseiller national et conseiller aux États

“ Ton anniversaire, cher René, est également celui de l’écologie, avec laquelle tu as passé toute ta vie. Aussi loin que je me souvienne, tu étais toujours là, fidèle à tes convictions, mais évoluant en même temps que les besoins de la société. D’abord politiquement marqué, voire très marqué, je t’ai vu évoluer dans le dialogue avec toutes les parties prenantes. Lorsque le monde avait besoin d’être secoué, tu étais l’écologiste activiste, le militant solitaire. Aujourd’hui, tu es devenu l’environnementaliste fédérateur. Personnellement, je t’apprécie encore davantage à 70 ans. Tous mes vœux, cher ami.

Bertrand Piccard, président de la Fondation Solar Impulse

« Je connaissais René Longet de réputation avant de le rencontrer au conseil d'administration d'Énergie Ouest Suisse puis à celui d'Alpiq Holding. Son profil était simple à décrire, et analogue au mien : un homme de gauche, fortement marqué par une sensibilité environnementale.

Lorsque je l'ai rencontré, ce n'était donc pas dans un contexte vert et rose. Nous avons œuvré ensemble dans des situations où ces deux caractéristiques, c'est le moins que l'on puisse dire, ne sont pas prédominantes. Les conseils d'administration de sociétés actives dans le monde de l'énergie sont certes très largement masculins – là, nous ne détonnions pas – mais les couleurs politiques qui sont les nôtres y sont rares, surtout si, comme c'était le cas pour Alpiq, la société est cotée en Bourse. Le droit des sociétés anonymes ne nous était étranger ni à l'un ni à l'autre, au vu des mandats que nous remplissions auparavant, mais René Longet m'a rejoint au conseil d'administration d'une société qui détient des participations dans des centrales nucléaires, qui possédait des centrales à charbon, et dont le modèle d'affaires est dépendant d'une importante activité dans le trading. *A priori*, cela déclenche une certaine dissonance cognitive, et aussi un inconfort éthique. Comment faire dans ces circonstances pour manifester la loyauté de l'administrateur qui est prescrite par le droit, sans sacrifier ce que l'on pense être juste et bon ?

Il faut argumenter pour montrer, dans le langage et selon les raisonnements propres à l'entreprise, que des options moins axées sur les énergies fossiles lui seront favorables à long terme, et que sa stratégie pourrait bénéficier d'orientations plus vertes. René excelle, dans le style et dans le contenu, pour argumenter en faveur de telles orientations. Je ne peux

évidemment divulguer les débats qui se déroulent au sein d'un conseil d'administration, mais je peux témoigner du fait que, avec sa voix douce et son débit tranquille, il est capable d'avancer des arguments qui parlent à des auditeurs qui n'ont pas d'accointances avec son profil politique.
En système capitaliste, une entreprise ne peut guère renoncer à la recherche du profit. Mais ses instances gouvernantes se doivent de définir des stratégies qui non seulement assurent sa durabilité, mais contribuent à la préservation à long terme d'équilibres sociaux et naturels dans lesquels ses affaires sont possibles. Cela est d'autant plus nécessaire lorsque ces activités sont en lien avec des services fournis à l'ensemble de la collectivité – c'est par excellence le cas de l'énergie.
Merci à René de l'avoir inlassablement et toujours courtoisement rappelé !

Jean-Yves Pidoux, conseiller municipal de Lausanne

« Cher René,
C'est déjà au moment de l'adolescence que nous avons commencé à collaborer pour la protection de la nature et de l'environnement avec le Dr Paul Rouget au sein de l'Institut de la vie et que nous avons créé le journal *Vivre demain*. En 1973, nous avons été élus au Grand Conseil de Genève avec Georges Borgeaud et Jean-Claude Dériaz chacun dans son propre parti, soutenus par une coalition d'organisations environnementales, une première qui a ébranlé le monde politique.
Nous pouvons vraiment parler de pionniers et je tiens à souligner notre fidélité à la cause environnementale avec une forte conscience de l'importance de la Nature comme fondement de l'engagement écologique.
En 1992, nous avons participé tous les deux au Sommet de Rio qui a éveillé en nous l'espoir d'une réconciliation entre le développement économique, le progrès social et la protection de l'environnement.
Nous nous retrouvons aujourd'hui encore au sein de la Commission cantonale de la biodiversité que tu présides avec élégance, laissant mon esprit toujours critique et militant s'exprimer librement.
Tu es plus jeune, et surtout en meilleure santé que moi, alors bonne route compagnon !

Philippe Roch, secrétaire d'État et directeur de l'Office fédéral de l'environnement, des forêts et du paysage de 1992 à 2005

© Thibault Kaeser

« Je ne me souviens plus très bien de la première fois où j'ai rencontré René Longet... Quand j'ai commencé à m'engager auprès du WWF et des Verts, il était déjà une référence en matière de développement durable. C'était donc un peu comme si je le connaissais déjà avant même de le rencontrer. Il me semble que notre premier contact personnel eut lieu lors d'un événement près de Genève, sur le thème de la biodiversité dans les jardins, qui m'avait beaucoup plu par son côté joyeux et convivial. Nous nous sommes par la suite croisés à maintes reprises dans le cadre de nos activités respectives et partageons un vaste réseau commun de personnes engagées. J'ai notamment beaucoup apprécié le travail de terrain mené à l'époque par Équiterre, avec Natacha Litzistorf. Aujourd'hui, le développement durable est sur toutes les lèvres, mais la mise en œuvre cohérente et crédible des Objectifs de développement durable des Nations unies reste un défi. Nous avons encore beaucoup de travail : continuons ensemble !

Adèle Thorens Goumaz, conseillère aux États

" La richesse et la longévité de tes engagements, cher René, m'ont toujours fasciné. Tu es omniprésent : dans les arènes politiques, au sein du monde associatif, dans les manifestations et jusque dans les rayons de nos librairies préférées. Partout tu te bats avec force pour plus de justice. Partout tu nous invites avec calme et intelligence à une remise en question salutaire de notre système productiviste et individualiste.
Cette constance dans tes engagements force l'admiration et le respect dans les enceintes parlementaires ou internationales comme sur les marchés du terroir. C'est que tu as compris peut-être bien avant tout le monde que les enjeux locaux et globaux étaient liés et qu'il était vain de vouloir les hiérarchiser.
Oui l'humanité est à la croisée des chemins. Reste à espérer qu'elle suive la voie que tu as tracée pour nous de longue date.
Merci René !

Nicolas Walder, ancien maire de Carouge,
conseiller national et vice-président des Vert·e·s suisses

“ Depuis 2018, je suis coresponsable avec René de la nouvelle section romande de la Société d'amitié suisse-tibétaine (SAST/GSTF) que nous avons créé avec un petit groupe genevois et vaudois très motivé. Suite à un tragique événement dans ma vie, j'avais prévu de lever un peu le pied sur tous mes engagements bénévoles. Mais avec sa grande force de persuasion si tranquille, sa conviction profonde et son énergie redoutable, il a réussi à me faire changer d'avis. Aujourd'hui j'en suis heureuse, car c'est très inspirant et plus efficace de réunir nos forces dans un combat pacifique où il s'agit de tenir dans la durée. J'ai déménagé à Genève en 1992, et en participant à tous les événements locaux en lien avec mon pays, j'ai constaté que parmi les rares orateurs suisses au milieu d'une foule tibétaine, il y avait souvent le même monsieur souriant et très discret, Monsieur René Longet.

En Suisse romande, il figure parmi les plus fidèles amis de la cause tibétaine et les plus efficaces dans le soutien concret et cohérent, car il est un des instigateurs de la création du groupe parlementaire « Tibet » en 1989. Ce groupe important continue à œuvrer sans relâche en collaboration avec la SAST en faisant connaître la question tibétaine au niveau national, en suscitant des interventions parlementaires et en informant le Conseil fédéral des problèmes au Tibet. J'ai également croisé le chemin de René quand il était encore maire d'Onex ; il avait invité un membre du parlement tibétain en exil comme orateur pour le 1er août. Depuis 2003, la ville d'Onex arbore le drapeau tibétain et l'arborera jusqu'à ce qu'une solution acceptable soit trouvée pour son peuple. Sur ce très long et dur chemin vers la liberté, le peuple tibétain a de la chance de pouvoir compter sur cet ami suisse si fidèle, dévoué et courageux !

Tenzin Wangmo, membre de la communauté tibétaine en Suisse,
auteure, conteuse et conférencière tibétaine

société d'amitié suisse-tibétaine
gesellschaft schweizerisch-tibetische freundschaft
gstf sast

NOTES

1. Yuval Noah Harari dans *Sapiens. Une brève histoire de l'humanité*, Paris, Albin Michel, 2017, intercale une étape supplémentaire, qu'il appelle cognitive et qu'il situe entre – 70 000 à – 30 000, soit le développement du langage, donc de la conception de données abstraites et imaginaires, des mythes et des arts, mais aussi «*des bateaux, des lampes à huile, des arcs et des flèches, des aiguilles*» à coudre (p. 32).
2. Sahlins M., *Âge de pierre, âge d'abondance*, Paris, Gallimard, 1976 (éd. originale 1972).
3. Demoule J.-P., *Les Dix Millénaires oubliés qui ont fait l'histoire*, Paris, Fayard, coll. «Pluriel», 2017, p. 232.
4. Par exemple sur les enjeux de sécurité, de risques pour la santé et l'environnement, mais pas sur l'utilité intrinsèque ou les effets sociétaux.
5. D'autres modes de propulsion avaient été développés à la fin du XIXe siècle, ainsi des véhicules routiers électriques ou à vapeur, mais l'essor du pétrole ne leur a pas laissé de chance.
6. Bohler S., *Le Bug humain. Pourquoi notre cerveau nous pousse à détruire la planète et comment l'en empêcher*, Paris, Robert Laffont, 2019, p. 185 et 193.
7. Longet R., *Un plan de survie de l'humanité. Les objectifs de développement durable*, Saint-Julien-en-Genevois et Genève, Jouvence, 2020.
8. Occasionnant des malformations génétiques.
9. Le corps de Marie Curie aux Invalides (Paris) est irradié au point que le public doit en être protégé d'une épaisse couche de plomb.
10. www.un.org/fr/chronicle/article/le-role-des-nations-unies-dans-les-nouvelles-technologies-appliquees-aux-systemes-darmes-letales
11. www.un.org/sustainabledevelopment/fr/progress-report/, p. 17.

12. https://lejournal.cnrs.fr/articles/numerique-le-grand-gachis-energetique et https://theshiftproject.org/wp-content/uploads/2019/03/Lean-ICT-Report_The-Shift-Project_2019.pdf
13. Bohler S., *Le Bug humain*, *op. cit.*, p. 134.
14. *Ibid.*, p. 184.
15. Voir Houdé O., *L'intelligence humaine n'est pas un algorithme*, Paris, Odile Jacob, 2019.
16. www.projuventute.ch/fr/parents/internet/dangers-sexting
17. www.banquemondiale.org/fr/topic/jobsanddevelopment/overview
18. http://epub.oeaw.ac.at/ita/ita-projektberichte/EPTA-2016-Digital-Labour.pdf
19. www.touteleurope.eu/actualite/le-taux-de-chomage-en-europe.html
20. Voir Ekström S., Nombela J.G., *Nous ne vivrons pas sur Mars, ni ailleurs*, Lausanne, Favre, 2020.
21. Titre du rapport de la Conférence des Nations unies sur le développement durable de 2012, https://documents-dds-ny.un.org/doc/UNDOC/GEN/N12/461/65/PDF/N1246165.pdf?OpenElement
22. www.un.org/french/events/rio92/rio-fp.htm : *« En cas de risque de dommages graves ou irréversibles, l'absence de certitude scientifique absolue ne doit pas servir de prétexte pour remettre à plus tard l'adoption de mesures effectives visant à prévenir la dégradation de l'environnement. »*
23. https://fr.wikipedia.org/wiki/Principe_d%27innovation
24. www.ta-swiss.ch/fr/. Voir aussi European Parliamentary Technology Assessment, https://eptanetwork.org/index.php et https://technology-assessment.info/
25. Trois classiques : Roupnel G., *Histoire de la campagne française*, Paris, Plon, coll. « Terre humaine », 1981 ; Pitié J., *L'Exode rural*, Paris, PUF, coll. « Que sais-je ? », n° 1747, 1979 ; Moulin A., *Les Paysans dans la société française*, Paris, Seuil, coll. « Histoire H 121 », 1988.

26. Pour une histoire de l'agriculture : Mazoyer M., Roudart L., *Histoire des agricultures du monde. Du néolithique à la crise contemporaine*, Paris, Seuil, coll. « Histoire H 307 », 2002.
27. Foer J. S., *Faut-il manger les animaux ?*, Paris, Éditions de l'Olivier, coll. « Points », n° P2789, 2010.
28. L'essentiel de l'huile de palme utilisée par l'industrie alimentaire provient de terrains déboisés à cette fin.
29. Rabhi Pierre, *La Part du colibri. L'espèce humaine face à son avenir*, La Tour-d'Aigues, Éditions de l'Aube, F-84240, 2014, p. 31.
30. 1990 : 93 000 exploitations ; 2020 : 50 000.
31. Fonds national suisse de la recherche scientifique, PNR 69, « Alimentation saine issue d'une production alimentaire durable », Berne, juin 2020.
32. https://www.who.int/mediacentre/news/releases/2015/cancer-red-meat/fr/
33. Bohler S., *Le Bug humain*, *op. cit.*, p. 47 et 49.
34. www.who.int/diabetes/global-report/fr/
35. www.diabete.fr/comprendre-le-diabete/diabete/le-diabete-dans-le-monde
36. *Der Spiegel*, 4 août 2018, p. 109, relatant une étude menée à l'Université de Leipzig.
37. De Serres O., *Le Théâtre d'agriculture et le ménage des champs*, Arles, Actes Sud, 1996 (1re éd., Paris, 1600).
38. De La Quintinie J.-B., *Instruction pour les jardins fruitiers et potagers*, Arles, Actes Sud, 1999 (1re éd., Paris, 1690).
39. Waridel L., *L'Envers de l'assiette*, Montréal, Écosociété, 2010 ; Robin, M.-M., *Les Moissons du futur, Comment l'agroécologie peut nourrir le monde*, Paris, La Découverte/Arte Éditions, 2012 ; Rochat F. (éd.), *Via Campesina. Une alternative paysanne à la mondialisation néolibérale*, Genève, CETIM, 2002 ; Farinelli B., *L'avenir est à la campagne. Solidarité, proximité, autosuffisance, alternative*, Paris, Sang de la Terre, 2008.
40. Petrini C., *Terra Madre. Renouer avec la chaîne vertueuse de l'alimentation*, Paris, Alternatives, 2011.

41. On était descendu à 700 millions de personnes mais la crise du Covid a plongé 130 millions d'humains supplémentaires dans la sous-alimentation.
42. Sur la base des lois de protection d'appellations de produits agricoles, édictées en 1905 et 1919, le Roquefort fut le premier fromage à en bénéficier en 1925.
43. www.slowfood.com/fr/
44. www.prospecierara.ch/fr/
45. Voir Déclaration des Nations unies du 17 décembre 2018 « sur les droits des paysans et des autres personnes travaillant dans les zones rurales », ny.un.org/doc/UNDOC/GEN/N18/449/00/PDF/N1844900.pdf?OpenElement
46. Les subventions agricoles de l'UE sont de 55 milliards d'euros par an et représentent 40 % de son budget. La part des subventions (pour financer des externalités positives de l'agriculture non rémunérables sur le marché) dans le revenu agricole moyen est de 47 % en France et de 55 % en Suisse ; dans l'UE, 30 % des versements sont liés à des écoconditionnalités.
47. https://viacampesina.org/fr/
48. https://www.swissfairtrade.ch/fr/champs-d-actions/centre-de-competences/domestic-fair-trade-2/
49. Rabhi P., *La Part du colibri*, *op. cit.*, p. 34.
50. *Agriculture mondiale : horizon 2015/2030. Rapport abrégé. Perspectives par grand secteur*, p. 56, Rome, FAO, 2002.
51. Altieri M. A., *L'Agroécologie. Bases scientifiques d'une agriculture alternative*, Paris, Debard, 1986.
52. www.srfood.org/index.php/fr
53. Voir www.fao.org/3/I9049FR/i9049fr.pdf ou *Transformer l'alimentation et l'agriculture pour réaliser les ODD*, Rome, 2018.
54. www.biovision.ch/nc/fr/home/
55. www.bff-spb.ch/bases-legales/historique/
56. Voir www.visionlandwirtschaft.ch/downloads/planreduction pesticides_suisse.pdf
57. www.agroforesterie.fr/index.php

58. http://agriculture-de-conservation.com/
59. https://keelingcurve.ucsd.edu
60. https://www.la-croix.com/Climat-2020-annee-chaude-lere-industrielle-2021-01-08-1201133785
61. Rich N., *Perdre la Terre*, Paris, Seuil, 2019.
62. https://public.wmo.int/fr/bulletin/historique-des-activit%C3%A9s-climatologiques
63. *NZZ am Sonntag*, 10.3.19. Voir aussi https://influencemap.org/report/How-Big-Oil-Continues-to-Oppose-the-Paris-Agreement-38212275958aa21196dae3b76220bddc : les 5 grands du pétrole ont dépensé 1 milliard de dollars pour dissuader des politiques climatiques efficaces ; les mêmes avaient attesté 90 milliards de bénéfices pour 2018.
64. http://unfccc.int/resource/docs/convkp/convfr.pdf
65. https://unfccc.int/fr/process-and-meetings/the-kyoto-protocol/what-is-the-kyoto-protocol
66. https://unfccc.int/files/essential_background/convention/application/pdf/french_paris_agreement.pdf
67. Au nombre de 46, liste périodiquement revue par le comité des politiques de développement de l'ONU.
68. Il est impressionnant de voir à quel point des pionniers comme Jean Dorst (*Avant que Nature ne meure, pour une écologie politique*, Neuchâtel, Delachaux & Niestlé, 1965) ou Rachel Carson (*Le Printemps silencieux*), paru aux États-Unis en 1962 et en 1968 chez Plon, Paris, coll. « Le Livre de poche », n° 2378, ont très exactement décrit la situation actuelle, telle qu'elle est plus de cinquante ans plus tard.
69. www.banquemondiale.org/fr/topic/energy/publication/minerals-and-metals-to-play-significant-role-in-a-low-carbon-future
70. Voir aussi Pitron G., *La Guerre des métaux rares*, Paris, Les liens qui libèrent, 2018.
71. Voir https://www.apres-ge.ch/actualites/quelles-mesures-pour-rester-sous-les-15degc-article-de-novethic

72. Voir Daguet S., *Payer pour polluer ? La fiscalité écologique en Suisse*, Lausanne, Presses polytechniques et universitaires romandes, coll. « Le Savoir suisse », n° 99, 2014.
73. La Suisse a fait œuvre pionnière en introduisant une taxe sur les poids lourds et en ouvrant deux tunnels ferroviaires de base sous les Alpes facilitant le transit alpin par le rail.
74. Voir : www.ecologique-solidaire.gouv.fr/sites/default/files/2018.02.15_Rapport-Avenir-du-transport-ferroviaire.pdf
75. Grâce à sa structure décentralisée de décision, à la densité de son peuplement et à sa capacité financière, la Suisse a modernisé l'essentiel de ses lignes secondaires, n'en fermant qu'une petite partie. Une politique systématique d'attractivité a permis à ces lignes de connaître un taux d'utilisation satisfaisant, mais l'engagement des pouvoirs publics dans les rénovations d'infrastructures et les subventions d'exploitation a été le facteur décisif.
76. https://www.espazium.ch/fr/actualites/petite-contre-histoire-de-la-suburbia-americaine
77. Sauvy A., *Les Quatre Roues de la fortune*, Paris, Flammarion, 1968, p. 139. Cette étroitesse de vues des technocrates et les idées reçues qui en découlent ont un parallèle dans l'obstination de la France à privilégier le nucléaire pour sa production d'électricité : 70 % de celle-ci est d'origine nucléaire avec 56 réacteurs en activité.
78. Kolbert E., *La 6e Extinction. Comment l'homme détruit la vie*, Paris, La librairie Vuibert, 2015.
79. www.wwf.fr/sites/default/files/doc-2020-09/20200910_Synthese_Rapport-Planete-Vivante-2020_WWF-min.pdf
80. https://www.iucnredlist.org/fr/
81. www.wwf.fr/vous_informer/rapport_planete_vivante_2016/, p. 61 et suivantes.
82. http://journals.plos.org/plosone/article?id=10.1371/journal.pone.0185809
83. www.wwf.ch/fr/nos-objectifs/surpeche

84. https://lejournal.cnrs.fr/articles/ou-sont-passes-les-oiseaux-des-champs
85. https://ipbes.net/news/Media-Release-Global-Assessment-Fr
86. https://www.cbd.int/doc/legal/cbd-fr.pdf
87. Voir Longet R., *Planète sauvetage en cours, une responsabilité collective*, Lausanne, PPUR, 2016, p. 97-102.
88. www.cbd.int/doc/strategic-plan/2011-2020/Aichi-Targets-FR.pdf
89. www.natureeteconomie.ch/
90. Dalaï-Lama, avec Sofia Stril-Rever, *Nouvelle Réalité. L'âge de la responsabilité universelle*, Paris, J'ai Lu, n° 12286, 2016, p. 76.
91. Voir Maeder A., *L'Unique Terre habitée ?*, Lausanne, Favre, 2012.
92. 71 % de la surface terrestre est occupée par les mers.
93. www.europesolidaire.eu/article.php?article_id=879 indique que toutes les prévisions sont vérifiées et que l'année 2030 verra l'entrée de l'humanité dans une phase critique. Pour le rapport initial : https://www.clubofrome.org/publication/the-limits-to-growth/
94. www.ecowatch.com/humans-consumption-of-earths-natural-resources-tripled-in-40-years-1943126747.html
95. www.wri.org/our-work/topics/water
96. Rockström J., *et al.*, « Planetary Boundaries : Exploring the Safe Operating Space for Humanity », *Ecology and Society*, vol. 14, n° 2, 2009.
97. www.wwf.fr/rapport-planete-vivante
98. www.futura-sciences.com/planete/actualites/developpement-durable-jour-depassement-humanite-deja-epuise-ressources-annuelles-terre-63853/ ou www.overshootday.org/newsroom/dates-jour-depassement-mondial/
99. Dalaï-Lama, avec Sofia Stril-Rever, *Nouvelle Réalité. L'âge de la responsabilité universelle*, *op. cit.*, p. 46.
100. *Ibid.*, p. 52 et 84.
101. Bohler S., *Le Bug humain*, *op. cit.*, p. 9.
102. Voici plus d'un siècle, le sociologue américain Thorstein Veblen (1857-1929) avait déjà excellemment décrit ce phénomène.

103. Expression forgée par l'économiste Jean Fourastié (1907-1990) pour désigner les trois décennies de reconstruction par la généralisation de la « société de consommation », 1945-1975.
104. Cité dans la *Fin du travail*, 2006, J. Rifkin.
105. Bohler S., *Le Bug humain*, *op. cit.*, p. 96.
106. Formule développée par Adam Smith au XVIIIe siècle et détournée par les intégristes de la dérégulation.
107. Dont la récente pandémie a souligné les dangers.
108. Macy J., Johnstone C., *L'Espérance en mouvement*, Genève, Labor et Fides, 2018, p. 79.
109. En 2018, les dividendes des 1 200 plus importantes sociétés en termes de capitalisation boursière ont augmenté de 9,3 % pour atteindre 1 370 milliards de dollars ; ils ont passé en 2019 à 1 430 milliards de dollars ; l'évolution des salaires va dans l'autre direction : selon le rapport sur les ODD des Nations unies 2020 (p. 44), entre 2004 et 2017 la part des travailleurs au PIB mondial a reculé de 54 à 51 %.
110. www.pwc.ch/en/insights/fs/billionaires-insights-2020.html
111. Gandhi M., *Tous les hommes sont frères. Vie et pensée du Mahatma Gandhi*, Unesco, Paris, 1958, réédité, Paris, NRF, coll. « Folio », n° 130, 2015, p. 217.
112. Duchatel J., Rochat F. (éd.), *Joseph Ki-Zerbo. Recueil de textes introduit par Lazare Ki-Zerbo*, Genève, CETIM, 2015, p. 33.
113. Première ministre de Norvège entre 1981 et 1996 puis directrice générale de l'OMS entre 1998 et 2003.
114. Commission mondiale sur l'environnement et le développement, *Notre avenir à tous*, Montréal, 1988, https://www.are.admin.ch/are/fr/home/developpement-durable/cooperation-internationale/agenda2030/onu-_-les-grandes-etapes-du-developpement-durable/1987--le-rapport-brundtland.html p. 40.
115. *Ibid.*
116. www.doctrine-sociale-catholique.fr/les-principes/49-option-preferentielle-pour-les-pauvres

117. Margaret Thatcher, Première ministre britannique de 1979 à 1990, www.investopedia.com/terms/t/tina-there-no-alternative.asp
118. https://treaties.un.org/doc/Treaties/1976/01/19760103%2009-57%20PM/Ch_IV_03.pdf
119. www.escr-net.org/fr/droits/leau
120. Frémeaux P., Kalinowski W., Laluq A., *Transition écologique, mode d'emploi*, Paris, Les petits matins, 2015.
121. Voir Roch P., *Croissance/Décroissance, pour une transition écologique*, Saint-Julien en Genevois et Genève, Jouvence, 2018.
122. https://www.are.admin.ch/are/fr/home/media-et-publications/publications/developpement-durable/strategie-nachhaltige-entwicklung-leitlinien-und-aktionsplan-200.html p. 10
123. Voir par exemple le Plan d'application du Sommet mondial pour le développement durable, du 4 septembre 2002, § 14: «*Des changements fondamentaux dans la façon dont les sociétés produisent et consomment sont indispensables pour réaliser un développement durable à l'échelle mondiale.*» https://documents-dds-ny.un.org/doc/UNDOC/GEN/N02/636/94/PDF/N0263694.pdf?OpenElement
124. www.ilo.org/global/standards/introduction-to-international-labour-standards/conventions-and-recommendations/lang--fr/index.htm
125. www.un.org/french/events/rio92/agenda21/
126. Déclaration de Rio, 1992, www.un.org/french/events/rio92/rio-fp.htm
127. www.un.org/ga/search/view_doc.asp?symbol=A/RES/70/1&Lang=F
128. Voir Longet R., *Un plan de survie de l'humanité*, *op. cit.*
129. § 18 de l'Agenda 2030.
130. Rabhi P., *La Part du colibri*, *op. cit.*, p. 25.
131. https://news.un.org/fr/audio/2018/05/1013972
132. Bohler S., *Le Bug humain*, *op. cit.*, p. 173.
133. L'Université de Genève a publié en septembre 2018 une recherche soulignant que l'héritage génétique de l'humanité le conduit à privilégier la loi du moindre effort: https://www.unige.ch/

communication/communiques/2018/le-combat-du-cerveau-pour-sortir-du-canape/

134. Macy J., Johnstone C., *L'Espérance en mouvement*, *op. cit.*, p. 40-41.
135. Morin E., *La Voie. Pour l'avenir de l'humanité*, Paris, Hachette Pluriel, 2012, p. 240.
136. Bohler S., *Le Bug humain*, *op. cit.*, p. 26-27.
137. Mais voir aussi: Ariès P., *Écologie et cultures populaires*, Paris, Utopia, 2015.
138. Rabhi P., *La Part du colibri*, *op. cit.*, p. 29.
139. Macy J., Johnstone C., *L'Espérance en mouvement*, *op. cit.*, p. 185.
140. Le cercle du local est usuellement défini comme un périmètre d'une centaine de kilomètres.
141. Bohler S., *Le Bug humain*, *op. cit.*, p. 185.
142. wwf.panda.org/fr/wwf_action_themes/modes_de_vie_durable/empreinte_ecologique/ et www.footprintnetwork.org/
143. www.footprintnetwork.org/
144. www.bfs.admin.ch/bfs/fr/home/statistiques/developpement-durable/empreinte-ecologique.html
145. https://www.bfs.admin.ch/bfs/fr/home/statistiques/developpement-durable/autres-indicateurs-developpement-durable/empreinte-ecologique.html
146. Jorion P., *Misère de la pensée économique*, Paris, Flammarion, coll. «Champs», n° 1143, 2015, p. 266.
147. https://annualreport.undp.org/assets/UNDP-Annual-Report-2019-fr.pdf
148. Soit les droits (économiques, culturels, sociaux, politiques) qu'un être humain est en mesure d'actualiser dans son projet de vie.
149. http://hdr.undp.org/sites/default/files/hdr_2020_overview_french.pdf
150. http://ses.ens-lyon.fr/articles/l-ipv-indicateur-de-progres-veritable-genuine-progress-indicator--47868
151. www.lelabo-ess.org/l-indicateur-de-sante-sociale-iss.html
152. www.gouvernement.fr/10-nouveaux-indicateurs-de-richesse-3137

153. www.gnhcentrebhutan.org/what-is-gnh/
154. www.bfs.admin.ch/bfs/fr/home/statistiques/economie-nationale/comptes-nationaux.html
155. www.bfs.admin.ch/bfs/fr/home/statistiques/themes-transversaux/mesure-bien-etre.html
156. Passet R., *L'Économique et le vivant*, Paris, Payot, 1979, p. 219 et 296.
157. PNUE, *Vers une économie verte*, 2011, http://www.comite21.org/reseau-adherents/a-la-une.html?id=3329
158. www.teebweb.org/
159. IPBES, mai 2019, www.ipbes.net/news/Media-Release-Global-Assessment-Fr
160. Agroscope, « La pollinisation par les abeilles également importante pour les grandes cultures », 12 septembre 2017, www.agroscope.admin.ch/agroscope/fr/home/actualite/service-medias/communiques-pour-medias.msg-id-68070.html
161. Macy J., Johnstone C., *L'Espérance en mouvement*, *op. cit.*, p. 189.
162. www.imf.org/external/pubs/ft/wp/2015/wp15105.pdf
163. Déclaration de Rio, 14 juin 1992, principe n° 16 : *« c'est le pollueur qui doit, en principe, assumer le coût de la pollution »*, www.un.org/french/events/rio92/rio-fp.htm
164. Le secteur de l'environnement compte quelque 160 000 emplois équivalents plein-temps en Suisse : https://www.bfs.admin.ch/bfs/fr/home/statistiques/espace-environnement.gnpdetail.2020-0326.html
165. Parmi les initiatives dans ce sens : http://bcorporation.eu/switzerland ou http://bcorporation.eu/france
166. www.iisd.org/pdf/2005/investment_model_int_handbook.pdf
167. https://circulab.com/fr/economie-regenerative/
168. Voir : Erkman S., *Vers une écologie industrielle, comment mettre en pratique le développement durable dans une société hyper-industrielle*, Paris, Éditions Charles Léopold Meyer, 2004.
169. Johnson B., *Zéro déchet*, Paris, J'ai lu, n° 10976, 2015.
170. Rabhi P., *La Part du colibri*, *op. cit.*, p. 35.

171. www.maxhavelaarfrance.org/le-commerce-equitable/le-mouvement-international-fairtrademax-havelaar/
172. www.maxhavelaarfrance.org/le-commerce-equitable/le-commerce-equitable/en-chiffres.html
173. www.wto.org/french/res_f/statis_f/wts2018_f/wts18_toc_f.htm
174. www.maxhavelaar.ch/fr
175. Macy J., Johnstone C., *L'Espérance en mouvement*, *op. cit.*, p. 137.
176. Réservée d'abord aux détenteurs d'une certaine fortune, puis élargie à tous les hommes, ensuite aux femmes, puis aux jeunes dès 18 ans, voire 16 ans, dans certains cas aux étrangers résidents depuis une certaine durée…
177. Pakistan veut dire « pays des purs »… Toute autre croyance que la religion d'État est *a priori* impure ; par contre, bien peu de « pureté » morale dans la sphère économique et politique…
178. https://freedomhouse.org/report/freedom-world/2020/leaderless-struggle-democracy
179. Morin E., *La Voie. Pour l'avenir de l'humanité*, Paris, Fayard, coll. « Pluriel », 2012, p. 56.
180. www.nationalgeographic.fr/sciences/un-francais-sur-10-pense-que-la-terre-est-plate
181. https://www.femina.ch/societe/actu-societe/theorie-du-complot-on-na-jamais-marche-sur-la-lune
182. Trofime Lyssenko (1898-1976) appliqua la théorie marxiste à l'évolution des espèces, qui se ferait en fonction des situations environnementales et sociales, et non de l'hérédité dont il niait le rôle ; il eut le plein soutien de Staline et tomba en disgrâce en 1962.
183. Élu non pas par une majorité populaire mais par les particularités du vote État par État ; il avait 3 millions de voix de retard sur son adversaire Hillary Clinton.
184. Interview dans *Le Temps*, 9 octobre 2020.
185. Voir l'enquête « L'ingérence sournoise de l'alt-right américaine en Europe », *Le Monde*, 8 mars 2019.

186. Ce terme renvoie à une radicalisation d'un libéralisme se détachant du concept d'une économie sociale de marché. Voir Albert M., *Capitalisme contre capitalisme*, Paris, Seuil, 1992.
187. https://www.forbes.fr/classements/classement-forbes-des-milliardaires-2020-les-39-francais-au-top/. Depuis ces montants ont encore considérablement augmenté.
188. Camus A., *Conférences et discours*, Paris, Gallimard, coll. « Folio », n° 6372, 2006, p. 240.
189. Édition (posthume) originale : *Die Welt von Gestern. Erinnerungen eines Europäers*, Stockholm, Bermann-Fischer Verlag, 1942.
190. Reich D., *Comment nous sommes devenus ce que nous sommes*, Lausanne, PPUR, coll. « Quanto », 2019 (éd. originale New York 2018), p. 133 et 159.
191. Dans l'Antiquité, le terme « barbare » signifiait « parlant une langue incompréhensible » et désignait l'« étranger » ; on notera le déplacement sémantique intervenu depuis, semblable à celui du mot « vilain » qui désignait à l'origine une personne travaillant dans un domaine agricole (« villa »), puis le paysan…
192. Voir à ce sujet Sérant P., *La France des minorités*, Paris, Robert Laffont, 1965 ; de Certeau M., Julia D. et Revel J., *Une politique de la langue*, Paris, Gallimard, coll. « Folio histoire », n° 117, 2002 (1re éd. 1975) ; Lafont R., *La Révolution régionaliste*, Paris, Gallimard, coll. « Idées », n° 123, 1967. À l'exemple du breton : Broudic F., *Histoire de la langue bretonne*, Rennes, Ouest-France, 1999 ; Jigourel T., *La Langue en Basse-Bretagne*, Romorantin, Communication Presse Édition, F 41202, 2010.
193. Demoule J.-P., *Les Dix Millénaires oubliés qui ont fait l'histoire*, *op. cit.*, p. 220.
194. Camus A., *Conférences et discours*, *op. cit.*, p. 26 et 291.
195. Voir par exemple Mounier E., *Le Personnalisme*, Paris, PUF, coll. « Que sais-je ? », n° 395, 1967 (1re éd. 1949) ; Domenach J.-M., *Emmanuel Mounier*, Paris, Seuil, coll. « Écrivains de toujours », n° 91, 1972.

196. Laurent S., *Martin Luther King. Une biographie*, Paris, Seuil, coll. « Points », n° 4323, 2015.
197. Giordan H. (éd.), *Les Minorités en Europe, droits linguistiques et droits de l'homme*, Paris, Éditions Kimé, 1992.
198. Abel O., *Le Vertige de l'Europe*, Genève, Labor et Fides, 2019, p. 160.
199. De Rougemont D., *Lettre ouverte aux Européens*, Paris, Albin Michel, 1970.
200. Mounier E., *Communisme, anarchie et personnalisme*, Paris, Seuil, coll. « Politique », n° 3, 1966, p. 128.
201. Conilh J., *Emmanuel Mounier, sa vie, son œuvre*, Paris, PUF Sup, coll. « Philosophes », 1966, p. 27.
202. Rabhi P., *Vers la sobriété heureuse*, Arles, Actes Sud, coll. « Babel », n° 1171, 2013 ; chez le même éditeur : *Manifeste pour la Terre et l'humanisme*, Arles, Actes Sud, coll. « Babel », n° 1057, 2008.
203. Mounier E., *Communisme, anarchie et personnalisme*, *op. cit.*, p. 134.
204. Personnages de son entourage condamnés pour avoir menti, détourné de l'argent public, militaires punis pour avoir violé les lois de la guerre…
205. En référence au récit d'*Antoine de Saint-Exupéry*, publié en 1939.
206. De Saint-Exupéry A., *Terre des Hommes*, Paris, Gallimard, coll. « Livre de Poche », n° 68, 1965 (1re éd. 1939), p. 229.
207. La promotion de la santé vise à agir sur les déterminants de la santé : le mode de vie, l'alimentation, les conditions de vie et de travail ; la prévention des maladies par les mesures de sécurité, la lutte contre les organismes propageant des maladies, les campagnes de vaccination, les compléments alimentaires…
208. www.publiceye.ch/fr/thematiques/pesticides/analyse-ventes-pesticides-2018
209. *Art. 93* de la Constitution suisse *: La radio et la télévision contribuent à la formation et au développement culturel, à la libre formation de l'opinion et au divertissement. Elles prennent en considération les particularités du pays et les besoins des cantons. Elles présentent les événements de manière fidèle et reflètent équitablement la diversité*

des opinions. L'indépendance de la radio et de la télévision ainsi que l'autonomie dans la conception des programmes sont garanties. Art. 16: La liberté d'opinion et la liberté d'information sont garanties. Toute personne a le droit de former, d'exprimer et de répandre librement son opinion. Toute personne a le droit de recevoir librement des informations, de se les procurer aux sources généralement accessibles et de les diffuser. Art. 17: La liberté de la presse, de la radio et de la télévision, ainsi que des autres formes de diffusion de productions et d'informations ressortissant aux télécommunications publiques est garantie. La censure est interdite. Le secret de rédaction est garanti.

210. Le Pew Research Center signale que Facebook est la principale source d'information de 43 % des Américains adultes: www.journalism.org/2018/09/10/news-use-across-social-media-platforms-2018/

211. Ce qui n'a jamais empêché tel lobby particulier de réclamer une protection à la frontière, un avantage au nom de l'emploi, une subvention, un traitement privilégié.

212. www.taxjustice.net/reports/the-state-of-tax-justice-2020/

213. www.ilo.org/global/standards/introduction-to-internatinal-labour-standards/conventions-and-recommendations/lang--fr/index.htm

214. https://www.humanrights.ch/fr/pfi/droits-humains/economie/dossier/les-normes-internationales/normes-onu/

215. www.oecd.org/fr/investissement/mne/

216. Abel O., *Le Vertige de l'Europe*, *op. cit.*, p. 151-152.

217. *Ibid.*, p. 144.

218. Demoule J.-P., *Les Dix Millénaires oubliés qui ont fait l'histoire*, *op. cit.*, p. 230.

219. Voy-Gillis A., *L'Union européenne à l'épreuve des nationalismes*, Monaco, Editions du Rocher, 2020, p. 16.

220. Voir enquête du *Monde*, 4 avril 2019, « Vladimir Poutine, parrain de l'extrême droite européenne ».

221. Veyrassat B., *Histoire de la Suisse et des Suisses dans la marche du monde*, Neuchâtel, Livreo-Alphil, 2018.

222. Même si on est loin d'avoir reconstitué toutes les filiations et trajectoires migratoires, il y a consensus entre les scientifiques que l'espèce humaine est née en Afrique.
223. Demoule J.-P., *Les Dix Millénaires oubliés qui ont fait l'histoire*, *op. cit.*, p. 223.
224. www.lemonde.fr/idees/article/2018/03/27/defense-il-y-a-davantage-de-refugies-climatiques-que-de-refugies-lies-aux-conflits-dans-le-monde_5277061_3232.html
225. Schümperli C., *La Politique suisse de solidarité internationale*, Lausanne, Presses polytechniques et universitaires romandes, coll. « Le Savoir suisse », n° 38, 2007.
226. Abel O., *Le Vertige de l'Europe*, *op. cit.*, p. 146.
227. *Ibid.*, p. 147.
228. Voir 14e Dalaï-Lama, *Mon pays et mon peuple*, Genève, Olizane, 1984 (éd. originale 1962).
229. Voir Blofeld J., *Le Bouddhisme tantrique du Tibet*, Seuil, coll. « Sagesses », n° 5, Paris, 1976 (éd. originale 1970) ; Barraux R., *Histoire des Dalaï-Lamas*, Paris, Albin Michel, 1993 ; David-Néel A., *Le Bouddhisme du Bouddha*, Paris, Éditions du Rocher, coll. « Pocket Spiritualités », n° 2927, 2008 (1re éd. 1936).
230. Voir note 118.
231. https://fgc.federeso.ch/
232. https://www.un.org/ga/search/view_doc.asp?symbol=A/69/L.82&Lang=F
233. https://africacheck.org/fr/fact-checks/factsheets/fiche-dinfo-la-corruption-en-afrique-faits-et-chiffres
234. https://www.oxfam.org/fr/inegalites-et-pauvrete-le-cout-cache-de-levasion-fiscale
235. https://www.consilium.europa.eu/en/policies/eu-list-of-non-cooperative-jurisdictions/
236. WT/MIN(13)/40 et WT/L/915 ; voir pour la Suisse FF 2017 7507
237. Dalaï-Lama, avec Sofia Stril-Rever, *Nouvelle Réalité. L'âge de la responsabilité universelle*, *op. cit.*, p. 49.

238. Ziswiler V., *Der Dodo, Fantasien und Fakten zu einem verschwundenen Vogel*, Zurich, Musée zoologique de l'Université de Zurich, 1996.
239. Voir par exemple : Wu H., *L'Empereur des Ming*, Arles, Picquier, 1991 ; Turnbull S., *The Ottoman Empire 1326-1699*, Oxford, Osprey, 2003.
240. Voir Le Monde-La Vie, Hors-série, *L'Histoire des Amériques*, Paris, 2018.
241. Fouilles paléolithiques de Schöningen (Basse-Saxe).
242. Excellente synthèse chez Anne Lehoërff, *Par les armes. Le jour où l'homme inventa la guerre*, Belin, Paris, 2018, notamment p. 109 et 203 et suivantes ; un classique : Bouthoul G., *Le Phénomène guerre*, Paris, Payot, coll. « Petite bibliothèque », n° 25, 1962.
243. Voir Mircea E., *Forgerons et alchimistes*, Paris, Flammarion, coll. « Idées », n° 12, 1977.
244. Bohler S., *Le Bug humain*, *op. cit.*, p. 234.
245. Bâ H. A., *Vie et enseignement de Tierno Bokar*, Paris, Seuil, coll. « Sagesses », n° 23, 1980, p. 151.
246. Approche développée par Auguste Comte, 1798-1857, affirmant que la seule réalité existante est celle prouvée par la méthode scientifique www.larousse.fr/dictionnaires/francais/positivisme/62852
247. Eliade M., *Occultisme, sorcellerie et modes culturelles*, Paris, Gallimard, coll. « Essais », 1978, p. 25.
248. La spiritualité n'est pas le retrait du monde mais la « vraie » façon d'être au monde.
249. Voir aussi Roch P., *Le penseur paléolithique*, Genève, Labor et Fides, 2014.
250. Gimbutas M., *Le Langage de la déesse*, Paris, Antoinette Fouque, 2006 (éd. originale 1989).
251. Picq P., *Et l'évolution créa la femme*, Odile Jacob, Paris 2020.
252. Un cas particulier est le bouddhisme, qui tout en connaissant moult saints, divinités et esprits, les considère surtout comme des aides dans sa progression spirituelle.

253. Certes à une époque où celle-ci n'était aucunement menacée dans sa substance.

254. Une des origines du conflit entre État et Église qui a empoisonné tout le Moyen Âge.

255. Quand il avait promis à tous ses sujets la poule au pot du dimanche, il ne pouvait imaginer qu'elle serait élevée en batterie…

256. Selon l'image archétypale du mandala, ou du jardin des tapis d'Orient.

257. Egger M. M., *Soigner l'esprit, guérir la Terre. Introduction à l'écopsychologie*, Genève, Labor et Fides, 2015.

258. Schuon, F, *De l'unité transcendante des religions*, Paris, Seuil, 1979.

259. Eliade M., *Le Chamanisme et les techniques archaïques de l'extase*, Paris, Payot, 1983 (1re éd. 1968) ; Sombrun C., *Les Esprits de la steppe*, Paris, Albin Michel, 2012.

260. Dalaï-Lama, avec Sofia Stril-Rever, *Nouvelle Réalité, l'âge de la responsabilité universelle*, *op. cit.*, p. 161.

261. Gérôme P., *Les Anatomies fantastiques*, Carouge/Genève, Éditions Michel Bettex, 1983.

262. Séjournant M., *Le Cercle de vie*, Paris, Albin Michel, coll. « Spiritualités », n° 107, 2001 (1re éd. 1997).

263. Guénon R., *La Crise du monde moderne*, Paris, Gallimard, coll. « Idées », n° 177, 1969 (1re éd. 1927), et *Le Règne de la quantité et les signes des temps*, Paris, Gallimard, coll. « Idées », n° 224, 1970 (1re éd. 1946).

264. Voir Rahmani S., *Paroles des peuples racines. Plaidoyer pour la Terre*, Arles, Actes Sud, 2019

265. in Fella A., *Femmes chamanes, rencontres initiatiques*, Paris, Editions Mama 2020, p. 75.

Du même auteur aux Éditions Jouvence

Un plan de survie de l'humanité
Les objectifs de développement durable

Le modèle de développement actuel épuise la Terre, épuise les ressources, nous épuise et accroît, malgré l'abondance de biens, les inégalités locales et globales.

Nous le savons : **il nous faut modifier fondamentalement nos façons de produire et de consommer**.

Pour **prendre la bonne sortie de crise**, l'Agenda 2030 des Nations Unies et **sa liste des 17 Objectifs de développement durable (ODD)** nous offrent un **outil précieux pour promouvoir les changements nécessaires**. À nous de nous en servir !

192 pages • 16,90€

Également aux Éditions Jouvence

Notre cœur sait qu'un monde
plus beau est possible
Charles Eisenstein
464 pages • 24,90€

Croissance / Décroissance
Pour une transition écologique
Philippe Roch
144 pages • 6,90€

Les Transitions écologiques
Les fondements
d'un monde nouveau
Alexander Federau (dir.)
128 pages • 6,90€

Écospiritualité
Réenchanter notre relation
à la nature
Michel Maxime Egger
128 pages • 6,90€

Écopsychologie
Retrouver notre lien avec la Terre
Michel Maxime Egger
144 pages • 6,90€

La Parabole du kayakiste
L'audace d'agir selon ses valeurs
Paul Dewandre
160 pages • 16,90€

Lettre à un jeune
qui rêve d'être (anti)capitaliste
Manifeste pour une philosophie
de l'économie
Yvan Falys
210 pages • 17,90€

Se libérer du consumérisme
Un enjeu majeur pour l'humanité
et la Terre
Michel Maxime Egger
160 pages • 16,90€

Le désencombrement matériel,
c'est parti !
Valérie de Roguin
128 pages • 6,90€

Je voyage équitable, c'est parti !
Stéphanie Vialfont
128 pages • 6,90€

Méditer dans la nature
Se relier à l'âme du monde
Philippe Roch
128 pages • 14,90€

Dépôt légal : mars 2021
Achevé d'imprimer en février 2021
Imprimé au Danemark par Nørhaven